Pamphlet, documenti, storie

REVERSE

Autori e amici di

chiarelettere

Michele Ainis, Tina Anselmi, Claudio Antonelli, Franco Arminio, Avventura Urbana Torino, Andrea Bajani, Bandanas, Gianni Barbacetto, Stefano Bartezzaghi, Oliviero Beha, Marco Belpoliti, Daniele Biacchessi, David Bidussa, Paolo Biondani, Nicola Biondo, Tito Boeri, Caterina Bonvicini, Beatrice Borromeo, Alessandra Bortolami, Giovanna Boursier, Dario Bressanini, Carla Buzza, Andrea Camilleri, Olindo Canali, Davide Carlucci, Luigi Carrozzo, Gianroberto Casaleggio, Andrea Casalegno, Antonio Castaldo, Carla Castellacci, Mario José Cereghino, Massimo Cirri, Marco Cobianchi, Fernando Coratelli, Carlo Cornaglia, Roberto Corradi, Pino Corrias, Andrea Cortellessa, Riccardo Cremona, Gabriele D'Autilia, Vincenzo de Cecco, Luigi de Magistris, Andrea Di Caro, Franz Di Cioccio, Gianni Dragoni, Giovanni Fasanella, Davide Ferrario, Massimo Fini, Fondazione Fabrizio De André, Fondazione Giorgio Gaber, Goffredo Fofi, Giorgio Fornoni, Nadia Francalacci, Massimo Fubini, Milena Gabanelli, Vania Lucia Gaito, Giacomo Galeazzi, don Andrea Gallo, Bruno Gambarotta, Andrea Garibaldi, Pietro Garibaldi, Claudio Gatti, Mario Gerevini, Gianluigi Gherzi, Salvatore Giannella, Francesco Giavazzi, Stefano Giovanardi, Franco Giustolisi, Didi Gnocchi, Peter Gomez, Beppe Grillo, Luigi Grimaldi, Dalbert Hallenstein, Guido Harari, Riccardo Iacona, Ferdinando Imposimato, Karenfilm, Giorgio Lauro, Alessandro Leogrande, Marco Lillo, Felice Lima, Stefania Limiti, Giuseppe Lo Bianco, Saverio Lodato, Carmelo Lopapa, Vittorio Malagutti, Ignazio Marino, Antonella Mascali, Antonio Massari, Giorgio Meletti, Luca Mercalli, Lucia Millazzotto, Davide Milosa, Alain Minc, Angelo Miotto, Letizia Moizzi, Giorgio Morbello, Loretta Napoleoni, Natangelo, Alberto Nerazzini, Gianluigi Nuzzi, Raffaele Oriani, Sandro Orlando, Max Otte, Massimo Ottolenghi, Antonio Padellaro, Pietro Palladino, Gianfranco Pannone, Walter Passerini, David Pearson (graphic design), Maria Perosino, Simone Perotti, Roberto Petrini, Renato Pezzini, Telmo Pievani, Ferruccio Pinotti, Paola Porciello, Mario Portanova, Marco Preve, Rosario Priore, Emanuela Provera, Sandro Provvisionato, Sigfrido Ranucci, Luca Rastello, Marco Revelli, Piero Ricca, Gianluigi Ricuperati, Sandra Rizza, Vasco Rossi, Marco Rovelli, Claudio Sabelli Fioretti, Andrea Salerno, Giuseppe Salvaggiulo, Laura Salvai, Ferruccio Sansa, Evelina Santangelo, Michele Santoro, Roberto Saviano, Luciano Scalettari, Matteo Scanni, Roberto Scarpinato, Gene Sharp, Filippo Solibello, Riccardo Staglianò, Franco Stefanoni, Luca Steffenoni, theHand, Bruno Tinti, Gianandrea Tintori, Marco Travaglio, Elena Valdini, Vauro, Concetto Vecchio, Giovanni Viafora, Anna Vinci, Carlo Zanda, Carlotta Zavattiero.

PRETESTO 1

→ *a pagina 45*

"La realtà, a vederla bene,
è dura, non sempre giusta,
ma io la prendo come una sfida
e dico sempre: andiamo a vedere
fino in fondo. Questo è ciò
che ci fa essere uomini,
andare avanti nonostante
tutto, anche se intorno
la realtà ti fa schifo."

PRETESTO 2

→ *a pagina 79*

"Mio padre era socialista e non essere schierato in quegli anni con i comunisti o i preti non pagava a Zocca. Nella comune teatrale di Bologna ho scoperto Bakunin e gli anarchici. Non quelli che mettono le bombe, ma uomini migliori, liberi, talmente responsabili che non c'è più bisogno di uno Stato che ti detti le regole."

PRETESTO 3

→ *a pagina 42*

"Non sono mica Vasco Rossi io. Sono una persona, sono un uomo, mica un eroe invulnerabile come Achille. Dove mi colpisci io sanguino, Vasco Rossi no, lui non sente niente."

Soci: Gruppo editoriale Mauri Spagnol S.p.A.
Lorenzo Fazio (direttore editoriale)
Sandro Parenzo
Guido Roberto Vitale (con Paolonia Immobiliare S.p.A.)
Sede: Via Melzi d'Eril, 44 - Milano

ISBN 978-88-6190-258-9

Prima edizione: novembre 2011
Cura redazionale di Valeria Ferrari
Progetto grafico di Pietro Palladino, Marco Lampis
Fotografie © 2011 Guido Harari

www.chiarelettere.it
BLOG / INTERVISTE / LIBRI IN USCITA

L'Autore devolverà i proventi della vendita
di questo libro in beneficenza.

Vasco Rossi

La versione di Vasco

chiarelettere

Sommario

LA VERSIONE DI VASCO

LA VERSIONE DI VASCO

IL ROCK TI DÀ L'IDEA CHE TUTTI CE LA POSSONO FARE.

V.R.

Ognuno ricorda le cose alla sua maniera
Ognuno un po' se la racconta

Le biografie sono tutte false
Io sono stato franco

Con questo libro
di dichiarazioni

forse si capirà di più
la mia versione

La versione di Vasco

Tutto sommato sono la dimostrazione vivente
che si può vivere anche senza fare troppi compromessi...
con se stessi...

L'incantatore di serpenti

La definizione di Vasco Rossi che più mi ha colpito fu quella che mi diede un amico d'infanzia. Era più giovane di me di una decina d'anni, lo avevo praticamente visto crescere. Era sempre stato molto vivace e molto intelligente. Già a vent'anni si era lanciato in affari con personaggi più grandi e scaltri di lui, dai quali era stato regolarmente truffato. La sua ingenua visione del mondo e delle persone lo aveva raggirato lasciandogli un'amarezza profonda e una rabbia impotente, oltre a una situazione finanziaria disastrosa. Non si era perso d'animo e aveva cominciato a fare il manovale per quegli stessi che nel frattempo erano diventati piccoli imprenditori.

Continuava però a coltivare i suoi sogni. Amava il rischio e la sua intelligenza lo portava a progettare sempre grandi imprese. Poi incontrò l'eroina. All'inizio era convinto, come tanti, di poterla controllare. Di poterla far rimanere una trasgressione da weekend. Ma con l'eroina non si scherza. Si impossessa subito del tuo corpo e della tua mente diventando esigenza, bisogno, una necessità assoluta, creando totale dipendenza.

Cominciò la vita del tossicodipendente, tra sotterfugi, esistenza randagia e perdita di controllo sulla realtà, e finì per compromettere definitivamente la sua credibilità. Continuava a fare il manovale, ma era diventato incostante e inaffidabile.

Non che rubasse o combinasse particolari casini, però la gente comunque dava la colpa sempre a lui, anche per gli sporadici furti che capitavano in abitazioni vuote. Un clima di sospetto lo avvolgeva, silenzioso e inesorabile. Questo lo umiliava e lo distruggeva forse anche più dell'eroina. La gente lo compativa.
L'emarginazione che colpisce i tossici è terribile perché non viene riconosciuta loro più alcuna dignità. Nemmeno quella di malati. Tutti gli esseri umani discriminati in passato come i minorati mentali, gli handicappati, i gay, oggi hanno raggiunto l'affrancamento dai pregiudizi e sono regolarmente riconosciuti nella loro dignità umana. I tossicodipendenti no. Sono considerati dei derelitti, colpevoli e fastidiosi. Lui cercava di convivere con il suo maledetto vizio e con la gente del suo paese. Nonostante tutto. Cercava di inserirsi e di farsi accettare.
Amava il gioco degli scacchi e cominciò a costruire scacchiere fatte a mano, in pelle, con tanto di pezzi, che poi vendeva ad amici e conoscenti. Ognuno ne ha almeno una in casa a Zocca. Ma le liti con la famiglia e la cattiva considerazione che la collettività ha per i tossici lo facevano soffrire. Riteneva che quel vizio, del quale certo non andava fiero, fosse comunque soltanto un problema suo e non capiva il perché di una condanna tanto brutale e così definitiva da parte della società civile. Provò comunque molte volte a smettere. Entrava e usciva dalle comunità, per un po' resisteva, poi il terribile richiamo della sostanza lo ricatturava. Vinto e battuto, ricominciava.
Mancavano pochi giorni a Natale e io stavo entrando al bar. Lui stava uscendo e stava per incamminarsi lungo la strada silenziosa e buia, quando mi vide. Lo salutai. Sapevo che aveva deciso di partire. Era stanco. Voleva andare al caldo, in un posto dove la vita fosse più semplice,

meno giudicata continuamente, meno condizionata dai sospetti e dai pregiudizi. Dove avrebbe potuto vivere con il suo maledetto vizio senza vedere il biasimo continuo negli occhi della gente, senza sentirsi in colpa e sempre rifiutato da quella gente che pure lo conosceva e l'aveva visto crescere, ma che lo considerava ormai una presenza imbarazzante, fastidiosa, uno da evitare, da sopportare.
Partiva per le Canarie. Avevamo fatto una colletta noi, gli amici più intimi, per pagargli il viaggio, anche se pensavamo fosse un altro espediente per racimolare i soldi e andare ancora a comprare eroina, naturalmente... Invece lui aveva preso una decisione vera, seria e definitiva.
Andarsene, andarsene da questo paese, da questa comunità di brava gente che non sbaglia mai, che si ritiene sana e si rifiuta di specchiarsi negli occhi di uno sconfitto dipendente dalla droga. Già, dipendente! Non da una ditta, da un comune, da una banca, da una donna, dal vizio del fumo ecc. ecc. ma dalla droga. Un marchio infamante e indelebile. Come un lebbroso...
Anche lui mi conosceva bene. Mi aveva visto scalare i gradini del successo e arrivare a essere una famosa rockstar, osannata e apprezzata. Ma eravamo cresciuti insieme, avevamo fatto strade diverse, scelte diverse, ma avevamo giocato a poker insieme, avevamo fatto cazzate insieme, avevamo vissuto insieme e adesso lui stava partendo. Lui doveva partire, togliersi di mezzo, sparire, per il bene di tutti. E per la sua salute mentale, per il suo equilibrio, per la sua dignità di essere umano. Tossico certo, ma sempre essere umano.
Tra l'altro partiva proprio prima di Natale, prima della festa e questa cosa mi metteva una grande tristezza. Lo vedevo costretto ad andarsene, a partire, a emigrare, in esilio per una scelta di vita, ormai obbligata per lui, che

non è accettata da questa società... civile! Lo salutai e lui, con il suo sguardo tagliente e il suo sorriso sarcastico, mi disse: «Tu, sei un incantatore di serpenti!».

Niente è mai come sembra

La vita non è
una commedia
che puoi
provarla prima.
La devi vivere
improvvisando.

[2011]

Quando facevo ragioneria avevo un professore di italiano bravissimo, un personaggio eccezionale, mi ha aperto il cervello. Le sue lezioni erano straordinarie, ci faceva pensare. Mi ricordo che un giorno venne in classe e diede da fare un tema libero, senza titolo. Non sapevo cosa scrivere, non riuscivo a cominciare. Gli altri avevano già iniziato ma io non riuscivo, non mi veniva niente... allora ho cominciato a scrivere questo: se non mi date un titolo la mia fantasia non riesce a scrivere niente, mi sentivo con le spalle al muro, ho descritto proprio quella sensazione e alla fine l'ho intitolato tema libero sul tema libero.
Aspettavo il momento della consegna, immaginavo il professore arrivare e dirmi che mi voleva bruciare vivo. Quando arrivò davvero, si alzò e disse: «Vorrei leggervi il tema che mi è piaciuto di più»; era il mio e mi ha dato tra il 9 e il 10. Una cosa incredibile, è stato quello che mi ha dato la fiducia di potermela cavare con l'onestà e la sincerità. Quando sei alla frutta, con le spalle al muro, se lo dici poi alla fine va bene. Un meccanismo che uso ancora quando scrivo le canzoni. [2004]

Avevo un unico manifesto nella mia cameretta di studente universitario. Era in bianco e nero, o forse color seppia. Rappresentava un ragazzo tra i venti e i trent'anni che, con una specie di bisaccia portata con indifferenza a tracolla, camminava con passo deciso. Era ripreso proprio a metà del passo, con entrambi i piedi a contatto col terreno. Dava l'idea di sapere dove voleva andare. Gli abiti non erano particolarmente vistosi. Sembravano adatti a ogni situazione o evenienza. Idonei in un circolo culturale come in mezzo a una sommossa popolare. Portava stivaletti con i calzoni infilati dentro, ma non erano anfibi, non avevano un carattere aggressivo. Erano corti. Color marrone chiaro. Forse col pelo. Comodi per camminare. La sua figura, a grandezza naturale, occupava quasi per intero il manifesto. Sullo sfondo dietro di lui uno squallido muro di mattoni. Veniva avanti verso l'obiettivo e sul manifesto c'era una scritta: «La rivoluzione siamo noi». [2010]

Erano gli inizi degli anni Ottanta, quando, contro la mentalità del lavoro garantito in banca o statale, di una vita sicura ma monotona, io volevo, sognavo, pretendevo (ero molto giovane...) una vita spericolata: piena di avventure, di rischi, di incognite e di sorprese. Insomma, una vita vissuta intensamente.
Non volevo certo (e non avrei mai voluto) che tutto ciò venisse inteso come «drogarsi» o finire schiavi delle dipendenze. Questa è una delle fantasie più perverse che la stampa nazionale abbia potuto partorire. Non si trattava neppure di permissivismo ma di una fuga dalla realtà, necessaria in un periodo storico come quello (yuppies, paninari, arrivismo, corruzione, soldi facili e craxismo).
Oggi canto una vita vissuta pienamente, senza scorciatoie o soluzioni semplici. Le scorciatoie non esistono e chi le propone, riempiendosi la bocca di facili slogan (come fanno per esempio i politici), è un pazzo o un criminale. «Guardala in faccia la realtà!»... e tenete gli occhi aperti. Non ascoltate troppo la televisione, con i suoi discorsi buonisti e superficiali, le sue notizie raccontate ad arte per spaventare, preoccupare e in definitiva plagiare l'opinione pubblica. Leggete, leggete i classici, e imparate a farvi una vostra opinione indipendente. Guardatevi intorno nel vostro piccolo mondo fatto di affetti sinceri o comunque veri. Gli amici, il bar, la famiglia, quelli che vivono vicino a voi. Smettetela di preoccuparvi di quello che succede dall'altra parte del mondo o dell'universo solo perché l'avete visto al telegiornale. [2010]

Sono cresciuto nei bar...
nei paesi in casa
ci si va solo a dormire...
in città invece
si vive chiusi in casa
e io ne soffro un po'.
Nel paese il tuo salotto,
il tuo ufficio è il bar,
il bar è il ricordo
di tutta la mia infanzia
e giovinezza.

[2005]

Ricordo ancora le parole del mio professore di italiano alle superiori. Diceva che la cosa più difficile non è essere dei fenomeni o degli eroi, la cosa più difficile è essere persone normali. [2010]

È una vita che vivo da clandestino. Un artista vive sempre in fuga, ma non in fuga da se stesso o dalla realtà, vive in fuga dai posti di blocco del conservatorismo, dall'omologazione, dall'ipocrisia. L'artista è l'unico che racconta le cose senza strumentalizzarle, perché non ne ha bisogno. Ed è in fuga da tutte queste forze che lo vogliono bloccare, far star zitto. Per questo deve vivere in clandestinità. [2011]

Sono un provocatore di coscienze. Mi piace provocare quando scrivo. Quando parlo, parlo per paradossi, perché per me la provocazione artistica è importante. Serve a tenere sveglie le coscienze. [2008]

La mia «arte» fotografa la realtà, non la inventa. Questo è il linguaggio del rock. Chi vuol capire veramente ascolti. E se a qualcuno dà fastidio, tanto meglio. È ora che si svegli. [2009]

Sono la dimostrazione vivente che si può stare al mondo senza fare troppi compromessi.

[1996]

Dai miei esordi ho sempre incontrato gente che non ero mai sicuro se mi voleva salutare o mi voleva picchiare per la strada. Mi ritenevano responsabile della degenerazione dei giovani del mondo! [2004]

Una cosa che non cap
è perché mi si debba c
un cattivo esempio.
O meglio: non capisc
un esempio. Se ce ne s
usate quelli e non rom

[1996]

isco
onsiderare

o perché devo essere
ono di migliori,
petemi le scatole...

Sono partito pensando che volevo arrivare a tutti i costi al cuore della gente. Non me ne fregava un cazzo di morire. Faceva parte della mitologia di quei tempi. Mio padre è morto a cinquantasei anni, dopo essere stato in campo di concentramento per una guerra di cui non gliene fregava un cazzo. È tornato che pesava 40 chili. Io potevo tranquillamente sacrificare la mia vita per una cosa in cui credevo. [2008]

A diciotto anni ho fatto domanda per entrare nei paracadutisti. Pensavo che se fossi stato in grado di buttarmi da un aereo avrei dimostrato di avere il controllo di me stesso. Poi, però, mi sono iscritto all'università e ho cominciato a chiedere i rinvii del servizio militare. Prima ho fatto Economia e commercio, per far contento mio padre. Avrei voluto fare il Dams. «Economia, sennò a lavorare» mi disse lui. All'inizio studiavo come un pazzo. Se la tua famiglia era povera ed eri in pari con gli esami ti davano 500.000 lire all'anno. Si chiamava «presalario», io ci compravo la moto. Finché un giorno dissi a mio padre: «O vado a lavorare o mi fai fare quello che mi va». Volevo diventare psicologo ma il corso di studi a Bologna non c'era, così mi iscrissi a Pedagogia.
Quando arrivò sul serio la cartolina del servizio militare stava iniziando la mia avventura e non potevo perdermi il momento buono. Andai all'ospedale e dichiarai di essere farmacodipendente – all'epoca prendevo anfetamine – così mi feci esonerare. Pur di non perdere un anno ho preferito sputtanarmi. Come farmacodipendente venivi escluso da qualunque tipo di lavoro statale. Mio padre era preoccupatissimo, come tutti i genitori sognava il posto fisso. Io piuttosto avrei fatto il camionista. [2009]

Mio padre si chiamava Giovanni Carlo Rossi, faceva il camionista. Quando l'azienda di trasporti per la quale lavorava è fallita si è messo a fare il padroncino. Poi ha comprato la casa per sistemare mia madre e me. Poi si è messo a lavorare sulla casa. Ha messo a posto l'ultimo infisso, quello di camera mia, e se n'è andato. Avevo ventisei anni quando è morto. Mi ha insegnato l'onestà senza compromessi e la tolleranza assoluta verso chi non la pensa come te. Mi rispettava, ma credo che gli sia costato.

Lavorava come un mulo, tornava a casa dopo aver guidato il camion tutta la notte e trovava suo figlio ancora a letto alle undici del mattino. Lui partiva alle quattro di notte per andare a lavorare, io rientravo a casa alle sette del mattino per dormire. Facevo il fighetto. Non dev'essere stato facile accettare un figlio che non aveva ancora le idee chiare su cosa voleva fare da grande.

Mi voleva un bene dell'anima. Tutto quello che volevo lui me lo dava. A diciassette anni e mezzo, ancora con la patente da prendere, mi aveva già comprato una Mini Minor gialla. Mi piaceva quella macchina e ce l'avevo già prima di poterla guidare. Per me significava finalmente poter andare in giro per i locali. Parcheggiavo davanti al bar, non bevevo perché non avevo soldi, stavo lì. Poco più tardi, all'università, frequentavo Pedagogia senza troppa convinzione, volevo fare il cantante ma non mi prendevo troppo sul serio, facevo il disc-jockey in una radio che avevo aperto indebitandomi fino alle orecchie. Chissà quante volte avrà voluto dirmi: «Dammi una mano, non vedi come sono messo?». Non l'ha mai fatto e mi dispiace che non abbia potuto vedere quello che ho combinato dopo che se n'è andato.

Avevamo uno splendido rapporto, anche se poco dialogo. Eravamo troppo diversi. Parlavamo e discutevamo, ma nessuno dei due cambiava idea. Se gli dicevo qualcosa, gli entrava da un orecchio e gli usciva dall'altro. Eppure era convinto che me la sarei cavata. Io mi adattavo, perché mangiavo a casa sua, ma non mi ha mai fatto pesare nulla. Non ha mai alzato le mani su di me, mai uno schiaffo. Solo amore. Posso immaginare quanto abbia sofferto. Difficile accettare il fatto che lui non si possa gustare il mio successo. Sarebbe felice e orgoglioso. Ricordo quel giorno che tornò da una passeggiata e in dialetto disse a me e a mia madre: «Ho visto la villa della Gigliola Cinquetti. Bella, bellissima. E davanti al cancello, lui, suo padre, che salutava orgoglioso i passanti». [2005]

Mio padre era morto da soli quattro giorni. Avevo un concerto il sabato sera ma non volevo andarci. Mi sentivo perso. Una merda. Con che coraggio potevo mettermi a fare rock in quel momento? Lo dissi a mia madre e fu lei a rispondermi che non dovevo mollare: «Se questo è quello che davvero vuoi fare nella vita, devi farlo anche adesso. E lui sarebbe il primo a esserne felice». Così andai. Trovai il coraggio. E la forza di non piangere. Avevo detto a me stesso che, se avessi pianto, sarei diventato anch'io camionista come mio padre. [2005]

Mi ricordo un bellissimo concerto a Trieste, che mi fece molto soffrire. Alla fine piansi a dirotto. Trieste è la città dove morì mio padre. Ebbe un infarto sul camion e io andai a prenderlo. Avevo ventisei anni e cominciavo a farlo sul serio questo mestiere. In quel concerto a Trieste volevo fare bella figura, lo dovevo a mio padre, lo dovevo alla città che si era mobilitata per me. Alla fine mi sembrò che niente fosse andato per il verso giusto e piansi. Perché per lui avrei voluto fare meglio, perché era morto prima di poter gioire del mio successo. La sua scomparsa fu la molla che mi scatenò dentro questa rabbia che ancora non riesco a domare, questo carattere ribelle. E in definitiva questa voglia di arrivare, di diventare una rockstar. [2001]

La morte di mio padre fu l'elemento scatenante. Quello che non era riuscito a fare da vivo, gli riuscì morendo. Quando era ancora vivo, io giocavo a cantare *Fegato spappolato* e a fare il rocker. Dopo, mi resi conto che il gioco era finito. Eravamo a terra, senza una lira, in un appartamento di 70 metri quadri. Mia madre casalinga, io che non ero ancora niente. Non potevo più giocare. E mi venne fuori una rabbia, una convinzione, una forza, anche una cattiveria che non pensavo sinceramente di avere. Non mi ero mai sentito così determinato. Mio padre era del segno del Leone, è stato come se morendo mi avesse trasmesso la sua forza di carattere, come se una parte di lui avesse cominciato a vivere dentro di me. La sua assenza improvvisa è diventata un momento chiave della mia vita. L'ultimo suo insegnamento fu: «Sparisco, così ti svegli». E io mi sono svegliato. [2005]

Che tipo di film sarebbe la mia vita?
A metà tra una bella favola rock
e un film d'avventura.
Il sogno a occhi aperti
di un ragazzino timido e pieno
di complessi che si avvera.
Una rivalsa contro un mondo ostile
e un destino che sembrava segnato.
E quante rivincite mi sono preso!
Insomma, una vera «vita spericolata»
e... Polanski sarebbe perfetto.

[2008]

Ero a casa a preparare gli esami
dell'università. Era il 1979.
Dalla finestra vedevo sempre
una ragazzina arrivare
con la corriera. Avrà avuto
tredici, quattordici anni.
Quando ne compì diciotto,
e io praticamente non ero
più perseguibile, glielo dissi:
«Guarda che l'ho scritta
per te *Albachiara*».
Lei non ci voleva credere
e fu così che mi venne
Una canzone per te...

[2003]

Il mio primo concerto è nato come uno scherzo. Era il 1979. «Ti ho organizzato un concerto in Piazza Maggiore a Bologna con il gruppo che suona con Lucio Dalla» mi disse Bibi Ballandi. Peccato che due giorni prima arrivò la notizia che il gruppo non c'era. A quel punto mettemmo insieme una band al volo, nella cantina di Bibi. Roba da incoscienti: davanti alla gente che c'era in quella piazza mica potevi suonare quello che ti pareva. Invece andò

bene. E il secondo concerto fu ancora più da incoscienti. Lo organizzò sempre Bibi alla festa delle radio libere dell'Emilia. Non so che cosa si sentisse giù, ma noi sul palco avevamo le facce così convinte che andò benissimo.
Il terzo concerto fu a Vicenza. Di fianco al palco c'era un bar con dei ragazzi seduti fuori. Non ci cagavano, finché a un certo punto hanno iniziato a fare le freccette di carta e a tirarcele. La notte mentre tornavo a casa mi salì una rabbia enorme. Mi dissi: «La prossima volta che qualcuno mi disturba o mi prende in giro scendo e faccio a botte». Da allora è cominciata la guerra. Ho preso anche la gente per il collo. Però era tutto rock, nel senso che mentre mandavo via i facinorosi, continuavo a cantare. Studiavo pure le scalette apposta affinché non avessero tempo di aprire bocca: niente canzoni lente. [2009]

Ho cominciato per scherzo, prima facevo il disc-jockey alla radio e nei locali. Stavo benissimo, mi piaceva un casino. Ancora oggi penso che quello sia il lavoro che mi piace di più in assoluto. Anche confrontandolo con questo della rockstar, preferisco comunque quello. Poi, a un certo punto, tutti gli schiaffi in faccia che prendevo, e poi anche la morte di mio padre... Queste cose sono state fondamentali, perché hanno fatto scattare dentro di me un meccanismo per cui non potevo più scherzare. Avevo bruciato i ponti col passato, col paese, con tutto, quindi dovevo per forza arrivare da qualche parte. A quel punto sono diventato molto di più. È venuta fuori una cattiveria, una determinazione, che non avevo mai avuto. Fino a vent'anni ero una persona completamente diversa da quella che poi ho scoperto di essere diventato. La mia era una rabbia che sfogavo dentro le canzoni. Quando tornavo a casa dopo i concerti, piangevo.

Ho scritto *Siamo solo noi* la sera successiva a un concerto a Pavullo, in provincia di Modena, in cui c'era anche poca gente. Mi sono seduto su una cassa perché volevo fare il matto e sono caduto in mezzo al pubblico, una figura di merda atroce. Nel camerino ero avvilito come un cane e piangevo dalla disperazione. Poi sono arrivato a casa e ho scritto *Siamo solo noi.* Non avrei composto le mie canzoni se non avessi avuto motivazioni così forti. Ho sempre saputo quello che stavo facendo, ero consapevole che le mie canzoni si collocavano esattamente in un buco, in uno spazio vuoto, tutto da riempire, quindi prima o poi il pubblico le avrebbe capite. Andavo avanti aspettando che la gente capisse, non ero preoccupato.
Ai miei primi concerti a volte c'erano addirittura venti o trenta persone, ma io facevo il concerto lo stesso, come se fossero mille. E loro, quando tornavano a casa, raccontavano a tutti di aver visto la Madonna, e l'anno dopo nello stesso posto venivano in duecento. Non ho mai messo meno impegno perché c'era meno gente, ho fatto sempre del mio meglio. Poi è arrivata *Vita spericolata* e mi sono detto: «Finalmente ho scritto la canzone della mia vita. Adesso sono a posto, posso andare». Tra l'altro era il periodo in cui esageravo con tutto, in modo disperato: mi addormentavo in macchina, facevo incidenti... Pensavo che se anche fossi morto in quel momento lì sarebbe stato bello per il mito. Poi mi sono disintossicato, è stato durissimo. Ho passato anni senza riuscire a fare niente. Ogni volta che cominciavo un testo volevo provare a scrivere un'altra *Vita spericolata* e naturalmente non ci riuscivo. Finché una mattina mi sono sbloccato e ho ricominciato: in una notte ho scritto una decina di canzoni. E lì è ripartita un po' una storia che io immaginavo non ripartisse più. [2008]

Mi piace l'idea di un grande sogno che spinge molti a mettersi in viaggio per trovare qualcosa di importante. Forse il Graal non esiste, quello che conta davvero è la ricerca. Anche quando sembra che ci sia già tutto. Succede sempre così, al tramonto di un'epoca, di un mondo. Oggi, ognuno pensa a star bene per sé, a godere di tutto quello che ha, senza perdere nemmeno un minuto a farsi domande. Mi sono messo a leggere il *Don Chisciotte*, mi piace questo cavaliere che se ne va in cerca di avventure in un mondo che non ci crede più. Ma lui continua a vedere giganti al posto dei mulini a vento, l'elmo di Mambrino invece del bacile del barbiere; chi sbaglia, pensa, è la gente cosiddetta normale. Sicuramente, dice, è vittima di un incantamento. [2008]

Abbiamo delle aspettative della madonna, se non si avverano diventiamo pazzi. Be'... abbassiamole un po'. Sembra una cretinata, ma funziona. Prima davo sempre la colpa agli altri, poi un giorno, in macchina, mi sono reso conto che la colpa è sempre mia, in realtà. È sempre colpa tua, e dar la colpa agli altri è infantile. [2011]

Mi sono letto i romanzi dell'Ottocento e anche tutta la *Recherche* di Proust. Dopo le prime quaranta pagine scritte solo per descrivere il risveglio, sono rimasto allibito, ero incantato, mi ha tirato dentro e alla fine l'ho letta tutta. Mi piace molto la filosofia. Volevo conoscere, all'inizio un po' per gioco. Poi ci ho preso gusto, e ho scoperto che spesso leggere direttamente gli scritti dei filosofi non è così difficile. Pensavo ci volesse un cervello superiore, invece basta il mio che non è un granché. [2011]

Ho appena comprato l'*Etica* di Spinoza e sul mio comodino tengo *L'idiota* di Dostoevskij. Ho voglia di capire, voglio, come si dice, colmare le lacune. Per questo leggo, e scelgo roba seria. Penso spesso al fatto che quando ho scritto *Albachiara* leggevo solo Topolino e Alan Ford, ne andavo pazzo. Oggi che leggo cose importanti chissà cosa scriverò. [1998]

Chi detiene il potere
vuole che la gente sia triste.
E abbia paura,
lo diceva Spinoza.
Noi artisti per la tristezza
possiamo far qualcosa,
per la paura... vi dico
guardate meno i telegiornali
e guardatevi più intorno,
che è quello che conta.

[2009]

Aut-Aut di Kierkegaard l'ho comprato forse solo per il titolo, che mi era piaciuto subito. Ero in vacanza, avevo tempo, l'ho letto con sforzo e con fatica ma mi ha preso davvero. Un buon momento per quell'incontro. Stavo rassettando la mia vita. *Aut-Aut* mi ha sconvolto. Da allora ho cominciato a vivere diversamente. Mi ha fatto capire due o tre cose importanti. Intanto che ci sono quelli che parlano senza fare, e non dovrebbero parlare perché non ne hanno il diritto. Poi ci sono quelli che scelgono: sono loro che possono parlare. Perché uno si deve buttare, non bisogna stare in attesa. Non che io non avessi già fatto le mie cose, non mi fossi già buttato. Ma con quel libro ho imparato a farlo con più coscienza. Ho capito che volevo una famiglia, così mi sono buttato e mi sono preso le mie responsabilità. [1998]

La mia famiglia è il patto che ho fatto con una donna, al di là dell'amore che non è mai eterno, al di là della passione che con gli anni scema. Noi abbiamo fatto un patto e cerchiamo di difenderlo. Da chi? Soprattutto da me, che sono quello più instabile. [2005]

La famiglia per una rockstar è un bel lusso. A quel punto lì è ovvio che non ti puoi innamorare di un'altra. Devi metterti un po' da parte. Se dovesse finire il progetto con Laura, sicuramente non ne faccio un altro con un'altra. Torno da solo. Cambio la macchina, non la donna. [2008]

Laura l'ho conosciuta una sera al mare. Ero rientrato a casa alle due, le tre del mattino per andare a dormire, e Massimo Riva era lì con tre biondine, una più carina dell'altra. Una di loro appena mi ha visto è impazzita: «Tu sei Vasco Rossi!». La Laura, che non mi conosceva per niente ed era ubriaca, ha cominciato a insultarmi: «Ma chi ti credi di essere?».

La mia speranza che ne uscisse una serata divertente era sfumata. Pensai: «Queste son tutte matte» e me ne andai a letto. Poi un giorno, non so neanche perché, dissi a Riva: «Che ne dici di invitare a cena la biondina di quest'estate? La stronzetta?». A dire la verità era stato più il suo culo ad aver fatto colpo. E la sua faccina. Comunque quella sera si mise a sedere di fronte a me. Le dissi: «Scusa, potresti passarmi una bottiglia di vino?». Lei si alzò, si girò, si piegò, si rigirò e mi posò la bottiglia sul tavolo, tranquilla. Pensai: «Però, questa qua». E così è nata la nostra relazione. Un rapporto d'amore totale, anche se in mezzo sono successe parecchie cose.

C'è stato un momento che volevo chiuderla lì la storia: Vasco Rossi non aveva tempo per una relazione seria. Una notte l'ho buttata fuori di casa e lei è rimasta lì fino alle sette del mattino, seduta sulla valigia. Ho pensato: «Adesso arriva la polizia e mi arresta», così l'ho fatta rientrare. Un'altra volta le ho telefonato e le ho detto: «Basta, finiamola qui». Stavo lavorando in una sala d'incisione sulle colline nei dintorni di Rimini. Lei arrivò e si mise davanti al cancello, senza suonare. Pensai: «Andrà via». E invece la sera era ancora lì. Il messaggio era: «Io sono la tua donna, la tua casa, la tua famiglia e tu non scappi, amico». [2011]

Avere un figlio ti ricolloca
nella giusta dimensione
dell'universo, molto più
marginale rispetto al centro
nel quale ti senti sempre
da quando nasci.
Sei tu il centro di tutto...
e invece no,
non sei il centro di niente.
Sei ai margini di tutto...
non conti un cazzo!
In casa sono la persona
numero tre: prima c'è Luca,
poi Laura, poi vengo io...
addirittura c'è anche
il cane prima di me.

[2011]

Ho pensato che la cosa più spericolata che una rockstar come me potesse fare era una famiglia. Invece di stare in uno stupido hotel ho voluto tentare questa sfida. Grazie alla Laura, che praticamente l'ha tenuta in piedi di peso, ci sono riuscito. Ho costruito una famiglia mantenendo viva la storia di Vasco Rossi. Luca oggi ha vent'anni, è stata un'esperienza straordinaria. Laura ha avuto momenti molto duri, ma li ha superati diventando la mamma perfetta. È maturata molto, è diventata una donna splendida. [2011]

Luca è nato nel 1991, ma io i primi anni non me ne sono mica reso tanto conto. Sono lento, ho cominciato a strapazzarmelo che aveva due, tre anni. Facevamo sempre la lotta. Lui non scherzava mica, arrivava coi suoi pugnetti alzati e si vedeva che aveva l'occhio assassino: mi voleva ammazzare sul serio, ero il suo rivale nei confronti della mamma. Da quel momento lì ho iniziato a pensare che non ci avrei messo un secondo a morire per lui, eppure per me era uno sconosciuto. Ma se mi avessero chiesto di sacrificarmi per lui non ci avrei pensato neanche un attimo. Prima di allora non avrei dato la mia vita per nessuno. Oggi, se è nell'altra stanza che gioca con la sua PlayStation, io mi sento felice, perché so che c'è e credo sia la stessa cosa per lui. In fondo è stato così anche tra me e mio padre. Mio padre aveva il suo modo di dirti le cose. Cercava di proteggermi quando davanti alla tv si alzava e se ne andava dicendo che tanto erano tutte balle. L'ho capito solo adesso, perché mi comporto allo stesso modo con Luca.
Luca è quello che vive con me e che sento più mio. Ma il mio primo figlio è stato Davide, nato nel 1986, poi c'è Lorenzo. Successe tutto nel 1985. Ad agosto sono stato con una, la madre di Davide, e a settembre con un'altra, la mamma di Lorenzo, due storie diverse. La prima l'avevo

vista una sola notte. Con la mamma di Lorenzo era diverso, avevamo avuto una storia di due anni. Poi un giorno a casa mia si presenta una tipa da Roma. Era incinta. Io non sapevo nemmeno chi fosse. Pensai fosse una matta e la buttai fuori. Dopo il parto lei arrivò a Zocca e iniziò a girare col passeggino per il paese. Mi fece chiamare dall'avvocato per il test di paternità e io accettai subito: se davvero si trattava di mio figlio ero il primo a volerlo riconoscere. Poi ci fu la questione di chi lo avrebbe tenuto. Chiesi l'affidamento, ma più per provocarla che altro, perché è giusto che un figlio cresca con la sua mamma. Il problema è che lei voleva che vivessimo tutti insieme.

Davide è lo «spostato» di casa, è da quando aveva cinque anni che lo seguo. Una mina vagante, anche se adesso si è dato una calmata. Fa l'attore. Lo farei anch'io se avessi la sua età e fossi il figlio di Vasco Rossi. In questo mi somiglia parecchio. [2011]

La vera trasgressione è fare una famiglia e mettere al mondo dei figli. Ci vuole impegno e coraggio, soprattutto per le donne. Non è facile, ma dà un senso a tutto. In fin dei conti siamo in questo mondo per fare dei figli. Quando ne hai uno all'improvviso non sei più tu il figlio, diventi padre, la prospettiva cambia completamente e cominci a vedere le cose in modo diverso.

È incredibile quando ti rendi conto di essere padre. L'obiettivo principale diventa garantire a quell'essere che hai generato almeno vent'anni di serenità. Ai miei figli cerco di insegnare a non fare gli errori che ho fatto io. Ovvio che le parole servono fino a un certo punto, ma possono limitare i danni. Gli spiego che quando si attraversa la strada bisogna fare attenzione alle macchine che passano; che non bisogna infilarsi una forchetta negli occhi; che tutte le dro-

ghe fanno male ma alcune sono più dannose di altre. L'eroina per esempio non bisogna assolutamente nemmeno provarla. È letale, basta una volta o due e non riesci più a uscirne. In cinque o dieci anni sei morto. Con le altre, coca e pasticche, bisogna stare molto attenti. Meglio non prenderle e imparare a divertirsi senza, anche perché prima o poi bisogna farlo per forza.
A me gli errori hanno fatto male, ma se non li fai non puoi mica imparare. Gli errori servono per imparare a non farli. Rifarei tutto, anche se l'ideale sarebbe imparare senza il bisogno di sbagliare. Temo sia impossibile. [2008]

Se mio figlio si drogasse? Io cerco di crescerlo bene. Non gli dico: «Fai questo, non fare quello». Gli darò tutte le possibilità: scuola, istruzione, sport. Lo sport tiene lontani dai vizi. Dalla droga. Sapete come la penso: non tutte le droghe fanno male. Quelle leggere... ma l'eroina no. Le pere no. Quelle sono tremende. La soluzione ci sarebbe: liberalizzare le droghe leggere. Quelle pesanti metterle in farmacia. Se un giorno scopro mio figlio stroncato da una «pera sporca» allora sì che prendo il mitra davvero e vado a cercare tutti quei politicanti che hanno reso possibile questo schifo. Che continuano a proibire e così proteggono gli interessi della mafia. Intanto i poveretti ci restano secchi. [1995]

Il problema è chi strumentalizza l'argomento della lotta alla droga per fare propaganda elettorale. Si fa molto prima a dire: proibiamo la droga, tutta, e mettiamo in galera chi ne fa uso, così il problema della droga sparisce e la gente semplice, che non ha tempo di ragionare molto, ci crede, crede che così il problema sia risolto. Invece i problemi non sono semplici, chi ti dice il contrario ti vuole truffare. [2003]

Ho l'inquietante sensazione che chi si accanisce tanto contro i drogati covi, inconsciamente, la curiosità e la voglia repressa di provare gli effetti delle sostanze stupefacenti. O ne consideri comunque l'uso un modo (anche se comodo o vigliacco) per sfuggire alla realtà, della quale sente quotidianamente la necessaria, minacciosa presenza. Non si spiegherebbe altrimenti un tale accanimento e una tale violenza. [2009]

L'umanità non
si estinguerà per la droga.
In branco si combinano
un sacco di casini, ma erano
più pericolosi quelli che
dal 1936 rasero al suolo
l'Europa...
Ci sono dipendenze molto
più pericolose. Dal potere,
dal datore di lavoro
che se se ne va ti lascia
in crisi d'astinenza.

[2010]

Da quando ho deciso di parlare chiaro ho incontrato molte resistenze e molte critiche. Sembra proprio che questo paese non ami la franchezza e la sincerità. Siamo abituati a esprimere le nostre opinioni, i nostri giudizi, usando una sottile e diplomatica ipocrisia che ci fa sempre dire quello che non pensiamo veramente, per non ferire, deludere o dispiacere. Credo che sia un comportamento tipicamente italiano, un paese dominato per centinaia di anni dalla Chiesa. Sembra un comportamento tipico del mondo ecclesiastico. [2011]

Ho sempre seguito il mio istinto. La mia onestà. È la mia sincerità quella che paga. Per noi negli anni Settanta era un valore importantissimo, l'abbiamo difesa a tutti i costi, a costo anche di fare male, di dar fastidio. Meglio la sincerità della bugia. La bugia lo so che serve, bisogna dirla, è giusto dire la bugia al bambino che esiste Babbo Natale, lo fa vivere... però mi dà fastidio. [2008]

Mi attaccano molto... ma io sono un combattente contro l'ipocrisia e contro l'arroganza, non le sopporto. Quindi, è ovvio, gli arroganti e gli ipocriti mi combattono. Poi mi combattono anche quelli che vogliono vedere in Vasco Rossi un personaggio che non è il vero Vasco, ma i ragazzi che ascoltano le mie canzoni sanno bene chi è Vasco, non è quello che questi detrattori raccontano. Loro descrivono un personaggio che è negativo e dicono che è sbagliato e dannoso, ma quello non sono io, loro cercano solo un capro espiatorio, è molto comodo dare a qualcuno la colpa di tutto, si crede che basti eliminare quello per risolvere il problema. [2009]

La domanda che mi fanno tutti è: ma che mondo vorresti? La risposta è che non lo so. Di sicuro non è questo. Ai tempi di *Vita spericolata*, tutto era più semplice. Sognavo una vita avventurosa, volevo diventare una rockstar. Poi, rockstar lo sono diventato. Ho fatto tante cose, sono arrivato fin qui. E sono sempre più confuso. Ecco, con le canzoni io faccio la cronaca della mia confusione. So soltanto che la cosa importante è il sogno, quando sogni di raggiungere quello che non hai, di diventare quello che non sei. La realtà, invece, non è bella. L'ingenuità, l'entusiasmo dei sogni che uno fa quando è giovane sono meravigliosi. Impari presto che i sogni sono destinati a infrangersi, ma chi se ne frega dei muri. Conta il fatto che quando uno sogna, sta da Dio. Conta il viaggio che il sogno ti fa fare. Conta non stare mai fermi, non importa dove arrivi, tanto poi devi ripartire. Ora, forse, non sogno più come una volta, ma voglio sognare ancora. Per andare dove non so, sicuramente per non stare fermo. Questa è la storia con cui faccio i conti. E di cui scrivo una cronaca onesta e sincera. [2008]

Fino a trentacinque anni
di anni ne ho avuti quindici.
A quaranta ero appena
maggiorenne e cominciavo
a risvegliarmi dal sogno,
perché il sogno mi aveva
preso completamente.
Ora dalle nuvole sono sceso,
eccome se sono sceso.
Ma ogni tanto ci torno.
Mi piace frequentare
le emozioni borderline,
sono uno che ha una grande
vita interiore, più intensa
di quella reale. Ho tanti pensieri,
non sempre lieti.

[2005]

La mia «depressione» è esplosa nel 2001, dopo la morte improvvisa di Massimo Riva, seguita da quella del mio più caro amico d'infanzia, Mario Giusti. Dopo un periodo di tossicodipendenza da eroina durato quattro anni, dal 1982 al 1986, dopo due anni di comunità, Mario era uscito completamente trasformato e maturato. Aveva smesso di farsi ed era ritornato a una vita normale. Lavorava e viveva serenamente quando all'improvviso si è sentito male, era epatite C, e poco dopo è morto. Questo ha scatenato in me una rabbia e una disperazione tale per una fine così ingiusta e crudele che, aggiunta alla sensazione di essere un sopravvissuto, di aver raggiunto ogni meta e realizzato ogni sogno al di là di qualsiasi immaginazione, mi ha gettato in uno stato di tristezza e malinconia tali che mi sembrava niente avesse più importanza. [2011]

Bisogna invecchiare con dignità: è faticoso, ma necessario. Non si può essere tutti magri, belli e vincenti. Io penso ai perdenti, penso alla dignità di un drogato, completamente calpestata come se fosse un criminale. [2004]

Sottoscrivere un appello per la salvezza dell'Africa e salire sul palco per questo sono cose giuste. Ma c'è un bel po' di gente che ci marcia, che fa carriera con questi begli slanci. Mi piacerebbe che lo slancio generoso iniziasse sotto casa, molto prima di arrivare in Africa. Per esempio, non provando fastidio per quelli che ti puliscono i fanali ai semafori mentre pensi all'Africa. Senza girare la faccia da un'altra parte quando un disgraziato qualunque ti porge la mano e tu sai quello che vuole. Ma stai lì che pensi all'Africa. [2005]

Rimango un emarginato, lo ripeto sempre. Emarginato di lusso, ma sempre emarginato. All'inizio essere famosi era

molto divertente, perché lo vivevo come una conferma che esistevo. I primi successi mi diedero l'illusione di aver risolto tutti i problemi. Poi sono arrivati i prezzi da pagare. Ma come potrei lamentarmi? Sarei un pazzo, anche perché la popolarità è la conferma del valore delle cose che hai fatto. Mi spiace solo non poter camminare per la strada, andare nei negozi, entrare in un locale tranquillamente. Tutti mi conoscono ma io non conosco nessuno, perché ogni rapporto è comunque falsato. Questo mi pesa. Mi pesa da morire. Ogni tanto parto e vado all'estero, dove non mi conosce nessuno. E lì mi mescolo con la gente e sto bene. Mi chiedo come possano sentirsi Bono, Bob Dylan o Mick Jagger. Io ho bisogno della gente, il palco da solo non basta.
Il rock forse ti salva la vita all'inizio, ma non per sempre, perché quando si spengono le luci, il concerto finisce, la gente smette di acclamarti, tu torni a essere quello che sei. Il successo tende a forzarti la mano, a far crescere dentro di te la sensazione che esisti nel modo in cui ti vede la gente. Ma se la vedi così allora devi accettarne anche le conseguenze: cioè che tu esisti solo se c'è qualcuno che ti vede. E quando non ti vede nessuno? Ti ammazzi? [2005]

Uno, nessuno, centomila è il titolo bellissimo di un romanzo di Pirandello, che mi ha colpito perché, a parte l'ironia, era molto divertente che uno scoprisse di essere non una persona sola, ma tante in realtà... tutte quelle che gli altri vedono, perché ognuno vede quello che vuole vedere. Ciascuno di noi vede una persona per come la conosce lui, quindi uno può essere uno... nessuno... e centomila. Nel mio caso questo è ancora più vero, perché io sono, dal punto di vista artistico, la voce di tanti che non hanno voce, ma anche uno che ha poca voce in capitolo...

Noi facciamo parte di quelle persone che non hanno il potere, che hanno dei problemi, che fanno fatica nella vita, che hanno delle frustrazioni, delle rabbie, degli entusiasmi esagerati, che spesso fanno errori, ma che imparano dagli errori che fanno. [2010]

Adesso sto vivendo questo momento di successo straordinario, di affetto della gente, di pubblico, me lo voglio godere... non mi preoccupo del dopo, voglio assistere con allegria a questo momento che è il top, dopo comincerà a scendere, perché prima o poi bisogna scendere, e io voglio assistere a questo mio tramonto straordinario... ho sempre pensato e sperato di morire sul colpo. Esploderò come una cometa. [2008]

Sono ancora qua... sono meravigliato anch'io. Avete visto i miei ultimi trent'anni di vita? Ne ho passate di tutti i colori, come minimo non dovevo esserci. Ho sempre scritto pensando che non sarei arrivato all'età di mio padre, bruciavo la vita. Per questo sono rimasto sempre onesto: scrivevo senza paura.
Io sono un esperimento... ho fatto di tutto... ma sono un esperimento da non ripetere a casa. Perché è pericoloso! Va bene?
La mia guerra l'ho combattuta giorno dopo giorno. Sono nato in un paese di montagna, dove la gente è diffidente per natura, e ho dovuto lottare per vincere la diffidenza, l'isolamento, la solitudine di chi fa una scelta fuori dagli schemi e decide di andare avanti a ogni costo. Ho messo in gioco anche la mia vita, ma ero e rimango convinto che valga la pena di rischiare tutto per fare ciò in cui si crede. Vale la pena anche di morire. Non ho imparato a essere prudente, non ho imparato a dire bugie. Forse perché mia mamma da

piccolo mi diceva di non dirle e io le ho creduto. Mi ha creato anche dei problemi nella vita, soprattutto con le donne, essere sinceri è un disastro... Le cose che hanno detto di me mi hanno ferito dentro. Ferito me come persona, ma Vasco Rossi no, lui non l'hanno nemmeno scalfito. Possono fare del male a me, a lui no. Non sono mica Vasco Rossi io, capito? Io sono una persona, sono un uomo, mica un eroe invulnerabile come Achille. Dove mi colpisci io sanguino. Vasco Rossi no, lui non sente niente. [2011]

Confesso... che ho vissuto.

[1996]

Ci fosse anche solo una probabilità… giocala

La realtà, *a vederla*
bene, è dura, squallida,
non sempre giusta,
ma io la prendo
come una sfida
e dico sempre:
andiamo a vedere
fino in fondo.
Questo è ciò che
ci fa essere uomini,
andare avanti
nonostante tutto,
anche se intorno
la realtà ti fa schifo.

[2011]

Vivere vuol dire rischiare, vivere vuol dire fare scelte e non aver paura di sbagliare. Vivere vuol dire avere coraggio, non si può più pensare che la vita sia garantita. Nemmeno da una legge dello Stato. Lo Stato si deve occupare del traffico, non di quello che è giusto o sbagliato, morale o immorale. [2011]

Penso che voi giovani siate il frutto acerbo dell'umanità. Vi vedo come eravamo noi. Non avete le idee chiare e intanto andate a scuola. Poi c'è chi si dà da fare di più, chi è più dotato. Chi non ce la fa e chi se la cava per un pelo. Ognuno è diverso. Un potenziale unico, e tra un po' potrete esprimerlo come vorrete. Fuori dalla scuola. Qualunque cosa vogliate essere, potrete esserlo. Purtroppo dovrete fare i conti anche con la parte oscura di voi. Quella che avete dentro. Quella che, mentre voi cercherete di percorrere la retta via, lei tenterà di sedurvi e di fuorviarvi. Offrendovi piaceri, scorciatoie e facili soluzioni. E lo farà soprattutto quando sarete soli. Quindi vi consiglio buone letture, buone compagnie e magari un complice.
Qualcuno soccomberà, certo. Ma la maggior parte di voi porterà avanti questo mondo semplicemente allevando bambini, facendo l'amore, tradendo e tradendosi, tirando avanti giorno per giorno tra gioie e dolori, e protraendo e sviluppando questo straordinario miracolo che è la vita umana. Pensate: materia che diventa cosciente di esistere! Spirito e anima che improvvisamente esistono. Esistono nella realtà e possono influire su di essa in modo evidente e determinante. Questo è il mistero di fronte al quale bisognerebbe inchinarsi, inginocchiarsi e pregare... affinché migliori.
Finalmente un'intelligenza che guida il caos della natura e crea nuove forme. Forse non abbiamo bisogno di pensare a

un'intelligenza superiore alla nostra che ci ha voluti creare e che dobbiamo ringraziare. Forse basta pensare alla nostra straordinaria mente che crea forme dal niente, questa sì che dovremmo senza dubbio ringraziare. La nascita spontanea di una coscienza dalla materia inerte e fredda non equivale forse a un Big Bang? [2010]

C'è sempre una nuova *sfida* da prendere o lasciare, da vincere o perdere.

[2009]

La realtà pone grandi limiti alle aspirazioni umane, mentre non pone alcun limite alla sofferenza. La fantasia e l'immaginazione sono la rivincita (meglio, «la rivolta») della mente umana nei confronti di una natura insensibile e insensata. L'arte, l'amore, la fede e la musica fanno parte, secondo me, del regno della fantasia e dell'immaginazione, e sono le grandi consolazioni umane.

È importante avere un ideale, credere in se stessi o comunque in qualcuno. In un amore. O in un progetto. Un'illusione da accarezzare ci aiuta a stare meglio. È importante avere una fede e credere in un mondo migliore, nell'aldilà. Aiuta a vivere meglio e non è poi tanto importante che siano promesse ingannevoli. Ma le fedi, così come le visioni o le illusioni, non si devono imporre agli altri con la forza. Si può scegliere di condividerle, ma solo liberamente. E devono essere tollerate tutte, se non fanno del male agli altri. Ognuno dovrebbe essere libero di pensare al suo bene, rispondendone solo davanti alla propria coscienza. Né religione, né Stato dovrebbero imporre regole o criteri di vita.

Diffido di tutti quelli che vogliono fare del bene per forza, siano essi missionari, politici o benpensanti. Li trovo falsi e ipocriti. Non li sopporto: se ho bisogno te lo chiedo, ma non venirmi ad aiutare o a dire come secondo te io dovrei vivere. Aiutare a ogni costo uno che non te lo chiede è una forma di violenza. In realtà lo stai facendo per te stesso più che per l'altro. La vita è un'esperienza troppo personale per non lasciare che ognuno se la viva come meglio crede. Andrebbe rispettata anche la scelta di chi non la vuole vivere.

Bisogna mettersi dal punto di vista degli altri, in modo non strumentale: ci vuole molto più coraggio (e amore e pietà) a star vicino a qualcuno in fin di vita, ad assistere alla sua morte, piuttosto che fare l'eroe salvandolo per un momento e tornando poi… a farsi i fatti propri. [2008]

Credere che le utopie potessero «avverarsi» è stata la grande illusione della mia generazione. Le utopie non sono mai realizzabili pienamente. Restano e sono dei punti di riferimento «ideali», fondamentali e utili, per stabilire dei percorsi verso cui tendere. Per cercare di migliorare le condizioni di vita delle persone. Potranno cambiare o essere diverse, ma non credo che mancheranno mai. [2009]

L'uomo è chiaro che si adatta, l'uomo impara, ma l'artista no, non accetta di non poter volare... Non ho mai cercato una vita garantita, volevo una vita avventurosa, come quella di Kipling, una vita come nei film, la vita che non ha le pause in cui si dorme, si mangia... nei film ci sono solo i momenti in cui succedono le cose, non ci sono tempi morti, ecco... mi sarebbe piaciuto che la mia vita fosse così. [2009]

Vivere o niente. Vuol dire c
Cosa fai? Hai paura? Temi:
Vivi! Vivi, e prendila anche
perdoniamoci anche un po
facciamo degli errori, l'imp
un errore. Quando l'hai ca

[2011]

Ho voglia di partire. Un viaggio vero. Un viaggio in macchina, con una ragazza. Dovrebbe essere lungo, almeno sei, sette ore. Starei zitto, ascolterei la musica in silenzio. Parlerei solo quando c'è proprio bisogno di dire qualcosa. Ogni tanto, magari, se mi viene le stringerei la mano. Andrei a sud. Magari in Calabria, a Tropea, dove sono stato una volta da ragazzo. Ma l'ideale sarebbe non avere una meta precisa, partire e basta. E se ci si perde tanto meglio. Ogni tanto c'è bisogno di perdersi. Io ogni tanto ho bisogno di perdermi. [2004]

La vita deve essere una scelta, non una costrizione. Ho letto che vogliono interdire Maradona, costringerlo a curarsi. Che razza di ipocriti. [2004]

ivi oppure cosa fai, vegeti?

ın po' così, la vita, insomma
ivere non è facile...
tante è capire che hai fatto
to, hai già quasi svoltato.

Le perversioni, alcuni le chiamano fantasie a volte... L'importante è non far del male a nessuno, poi per il resto ognuno può avere quelle che vuole. Anzi, bisogna smettere di giudicare sempre gli altri, sospendere il giudizio... basta con questi facili giudizi del cazzo! [2010]

Uno da giovane vuole cambiare il mondo. Con gli anni si accorge che i cambiamenti veri richiedono tempo e che il cambiamento più importante è quello che facciamo su noi stessi. Vorrei che i miei figli dalla mia storia imparassero prima di tutto che nella vita si può fare quello che si vuole, si possono seguire i sogni, cercare di realizzarli. Se ci credi veramente devi metterci tutto l'impegno, non puoi farlo per gioco o per divertimento, devi dedicare tutta la vita al tuo sogno... La gente va sulla luna. Tu puoi essere quello che davvero vuoi. [1999]

Sono trent'anni che vivo di rock'n'roll. Quando ero un ragazzino usavo la musica come surrogato del sesso. Ho iniziato a cantare le canzoni di Battisti, poi ho provato a scriverne di mie. Ma quando gli amici mi vedevano arrivare da lontano con la chitarra scappavano. In quegli anni era comunque tutto fantastico. Ogni giorno durava un anno, mi svegliavo la mattina ed ero pronto a correre via. Ora apro gli occhi e non vorrei mai alzarmi. Me lo devo trovare un buon motivo per tirarmi su. Poi lo trovo, ma che fatica... Una volta col mio motorino potevo andare in capo al mondo ogni mattina. Ora ho una Mercedes 5000 ma ci sono pochi posti dove ho voglia di andare. Non c'è niente che ti possa dare lo stesso fremito di quando hai quindici anni e stai per andare in discoteca sperando di trovare una ragazza per la serata. [2008]

Quando sei giovane non ascolti nessuno, perché ti sembra impossibile che qualcuno la pensi come te o ragioni meglio di te. Quando cresci capisci che per vivere nel mondo devi imparare a mediare senza distruggere le tue idee, devi comprendere che la mediazione può aiutarti a ottenere quello che non avresti mai se non dialoghi con gli altri, se non accetti le loro diversità.
I miglioramenti arrivano quando riesci a sederti con altre persone; quando arrivi a capirti con gli altri, quando ti sforzi di andare d'accordo, di condividere regole comuni. Non voglio dire che si nasce incendiari e si muore pompieri, ma il destino dell'uomo è anche quello d'imparare a trattare con il fuoco. Aiuta molto avere dei figli, perché smetti di essere figlio tu e cominci a vedere le cose in funzione di un'altra persona. Capisci che la persona che adesso ami follemente non sei tu. L'inversione dei ruoli è un po' la giusta pena del contrappasso. [2005]

Disilluso, disincantato e consapevole: credo siano termini azzeccati per definirmi. A venti anni sei illuso, a trenta disincantato e a quaranta sei consapevole. Sai che non arrivano gli angeli a indicarti la strada da seguire: i problemi devi risolverli da solo. Ma non è un pianto. È un canto sguaiato alla vita, che è bella e andando avanti migliora sempre di più. [1996]

Dalla provincia, quando si riesce a uscire, si è belli incazzati!

[2010]

Sono arrivato in città e sembrava che ce l'avessi scritto in fronte che ero uno di montagna, per questo ero considerato come oggi sono considerati gli extracomunitari. [2008]

Zocca, questo piccolo microcosmo, popolato da un pugno di anime uscite dalla feroce e terribile esperienza della guerra e che ha ricominciato a vivere una vita normale, felice soltanto di essere viva... Eccoci qua. Le «Teste di Zocca». Un universo in un bicchiere di vino. [2011]

In paese ti conoscono tutti, non puoi sfuggire. Devi convivere anche con quelli che non ti stanno bene. Però è stupendo ricevere una dimostrazione d'affetto dal luogo in cui sei nato. Diciamo che ora siamo arrivati alla fine. *Nemo propheta in patria*, si usa dire, qui invece è il contrario, si è chiuso il cerchio, oggi posso tranquillamente tornare a essere sconosciuto. [2005]

Quando realizzi un sogno...
senti subito il bisogno
di sognare ancora.
Io ho realizzato
tutti i sogni che avevo,
e anche qualcuno di più.
Non per questo
vado in pensione.
Con l'età l'energia cala
ma l'importante
è accettare quello che si è
e che si è stati.
Rimanere, non per forza
ma per amore.

[2010]

Non ero nato per fare la rockstar, ma era troppo divertente raccontare le verità scomode, il nostro malessere negato, mandare a quel paese quelli che pretendono di insegnarci come dobbiamo vivere, dire tutto quel che penso di lei a una donna che non vedrò più... Il mio primo maestro di provocazione è stato Fred Buscaglione, che ironia feroce... poi Jannacci e De André. [2003]

Un artista non deve avere pudore. Altrimenti non è un artista. Devi essere veramente spudorato per cantare le tue emozioni. Aristotele diceva: un uomo può cantare solo se è ubriaco. [2008]

Forse è a causa del mio «matrimonio» e della paternità che qualcuno pensa che mi sia imborghesito. Lo dice chi in realtà non mi perdona di non essere morto, e così di non essere diventato un mito intoccabile, come James Dean, come Jim Morrison. Invece sono vivo e continuerò a urlare le mie incazzature dentro un microfono, alla faccia di chi mi avrebbe voluto vedere imbalsamato qualche anno fa. [1993]

C'è chi dice che il vero Vasco Rossi resta quello dei primi tempi. Difficilmente riusciamo ad accettare le cose che cambiano dopo che le abbiamo rinchiuse bene ordinate in un cassetto della nostra mente, in un concetto astratto che ci dà l'illusione di conoscerle, in un'idea ben definita (e chiara e limitata) che ci dà sicurezza per il suo restare sempre uguale.
Tutti abbiamo bisogno di categorie mentali, di punti di riferimento fissi... e di pregiudizi. Il guaio è che a volte prendiamo delle persone vive come punti di riferimento e non vogliamo più riconoscere loro il diritto di crescere e di cambiare, cioè di vivere! [2011]

Ho due o tre moto in garage. Quando ci salgo su mi piace pensare che potrei andare fino al Polo Nord. Poi magari faccio solo un giro intorno a casa. È uguale. Perché l'importante è avere la possibilità di fare... Non fare. [2008]

Mi piace molto il mare, guarda come è violento... A me piacciono molto le situazioni al limite, non amo la calma piatta, la tranquillità... il mare è in sintonia col mio carattere. [2008]

Ci sono dei giorni che mi sento da buttare via e altri in cui sono fiero di me. Non ho ancora capito quali sono quelli giusti.

[2009]

Avanti... schiavi della televisione della paura dei rumeni dei drogati degli ubriachi al volante e degli extracomunitari. Avanti professionisti della vita non eccessivi nel bere morigerati e senza vizi. Avanti divoratori di telenovele di telegiornali di telecronache di varietà di giochi a premi di riviste di giornali sportivi di giornali politici di giornali strani di gossip... Avanti ascoltatori di Fede di frasi fatte di pregiudizi e informazioni inutili. Avanti capitalisti anonimi massa di benestanti qualunquisti nemici dei problemi del confronto delle complicazioni amanti delle scorciatoie e delle comode soluzioni semplici. Avanti avanti, andate pure avanti voi che a noi... «ci scappa da ridere». [2010]

Liberi di volare

Ricordatevi che
la libertà ha un costo,
deve essere difesa
giorno dopo giorno.
Non è una cosa
acquisita per sempre.
Settant'anni fa
molta gente
in questo paese
è morta per la libertà.
Ve lo siete dimenticato?

[2011]

La libertà è una condizione nella quale un uomo può decidere in maniera autonoma i propri comportamenti e le proprie azioni. Questo comporta avere dei dubbi, fare delle scelte, fare anche degli errori e prendersi la responsabilità delle proprie azioni. Non è una condizione leggera o semplice da gestire. Spesso l'uomo preferisce essere diretto, comandato, obbligato da un'autorità superiore, perché questo lo solleva dal peso della responsabilità e dall'angoscia dei sensi di colpa, cioè dal dover fare i conti con la propria coscienza.
La libertà personale concorre a far diventare unico ogni individuo, a renderlo diverso da tutti gli altri. Anche questa è una situazione che spesso spaventa, che può creare molte incertezze e un forte senso di insicurezza. Al contrario, può essere molto più rassicurante far parte di un gruppo, di un branco, di una massa unita e compatta perché costituita tutta da membri tra loro simili e omologati a certi valori di riferimento condivisi.
La libertà implica il coraggio di affrontare l'imprevedibile. La dipendenza, la costrizione è invece molto più comoda e semplice, implica la mera esecuzione di qualche direttiva altrui o di un ordine dall'alto. La libertà ci rende «uomini». La dipendenza ci fa restare «animali». La libertà ci rende responsabili. La dipendenza ci rende schiavi. Senza la libertà non abbiamo niente. Non siamo niente. [2011]

Le «rivoluzioni» non sono uno scherzo e neanche un gioco. Sono terribili spargimenti di sangue... violenza... sofferenze atroci... Quando «accadono» devi sapere da che parte stare. Ma non accadono se non esistono condizioni «limite» (fame e sofferenza), almeno altrettanto spaventose di quelle che causano. Non bastano (fortunatamente?!) situazioni come quelle in cui viviamo noi nel nostro Belpaese. Queste si possono ancora affrontare con la lotta politica e all'interno delle sue regole (anche se oggi queste regole non sono chiare ed esiste un'anomala situazione nella quale l'informazione, il quarto potere, non è libera e indipendente). Questa è la mia personale opinione. Quando dico che la rivoluzione siete voi intendo, primo: la vostra esistenza... le vostre idee... diverse da quelle dei vostri genitori... i vostri scopi diversi, i vostri ideali... in sostanza le vostre nuove «consapevolezze» cambieranno il mondo e lo renderanno certamente diverso... (migliore?). Secondo: ho sempre pensato che la rivoluzione più importante sia quella di cercare di migliorare se stessi... già facendo questo il mondo cambierebbe. Ecco l'ideale anarchico: fare di se stessi degli uomini che hanno una grande consapevolezza, che sappiano dove finisce la propria libertà e comincia quella dell'altro, e non ci sarebbe bisogno di Stato o polizia. Questa è un'utopia... naturalmente irrealizzabile. Ma come ogni utopia serve da indirizzo o meta verso la quale tendere. [2010]

Con questa informazione così omologata, controllata dalla politica e usata come strumento politico, forse la libertà si trova leggendo libri. Ho iniziato a leggere da dieci, quindici anni e mi si è aperto il cervello. Ho capito molte cose che prima confondevo... leggendo i giornali mi confondevo sempre di più e mi innervosivo anche un po' per questo... invece il libro ti può dare consolazione e farti compagnia. [2010]

Ognuno è responsabile di quello che fa. Solo quando lo ha fatto, però. Non prima, solo perché avrebbe potuto farlo. Le leggi in questo senso sono quelle che si definiscono leggi alle intenzioni. Di chiaro stampo fascista. Ci sono limiti anche alla prevenzione, quando si entra nella sfera della libertà dell'individuo. [2009]

Meno liberi ma più sicuri?
Io non ci credo, e comunque
ho sempre preferito
il contrario.
Meno liberi ma più sicuri?
Sarebbe come dire
meno sani ma belli.
È meglio essere sani che belli,
date retta a me
che sono uno bello!

[2009]

Per migliorare le cose, cercherei di percorrere la strada del diritto dell'uomo all'autodeterminazione: diritto alla vita, diritto alla ricerca della felicità. Abolirei il carcere preventivo perché è una vergogna, e abolirei tutte quelle leggi che sanciscono come devo comportarmi, perché se permettete mi comporto come mi pare seguendo soltanto una regola: la mia libertà finisce dove comincia la tua.
Poi cercherei di risolvere i problemi pratici, senza provare a ottenere a ogni costo il consenso di tutti, perché seguendo questa logica si fanno solo dei compromessi e non si può amministrare niente. Ho usato il verbo «amministrare» e non «governare», perché dalle mie parti si dice «governare le bestie». [1996]

Il pensiero dominante vuole la cura maniacale del fisico, della persona, come si faceva un tempo con l'anima, come se il vivere fosse infinito. Il giudizio morale ed etico su questi temi non è più di Dio, è del governo, del popolo, addirittura della tv. Ma lo Stato non può dirci come dobbiamo stare al mondo. [2010]

Mi dico sempre, andiamo avanti fino a dove ce la faremo. Poi spegnerò io l'interruttore, perché la vita è mia e deciderò io quando dire basta. Ho diritto di scegliere quando porre fine a questa straordinaria esistenza. Questa è la mia opinione anche se il cardinal Ruini mi farà a pezzi. [2011]

Sono in pace con la mia coscienza. Sento la responsabilità di quello che faccio e di quello che dico... e delle mie canzoni. [2005]

Le libertà civili sono sempre più calpestate e represse in nome di ipocrite guerre preventive: al terrorismo, alle coppie di fatto, al fumo, alla droga, agli incidenti del sabato sera, alle disgrazie che purtroppo sono inevitabili. Sono calpestate in nome della salute pubblica, della prevenzione, della morale, della statistica, della retorica della cultura della vita e di tante altre belle parole con le quali si riempiono la bocca quotidianamente le anime belle che dicono di preoccuparsi del bene della gente, mentre invece pensano solo ai loro interessi personali ed elettorali. Il risultato sono un sacco di «leggi alle intenzioni», criminalizzazione dei comportamenti e posti di blocco che ritirano patenti a chi non ha ancora fatto nessun incidente e ha bisogno della macchina per andare a lavorare. [2007]

Sono convinto di essere di sinistra,
ma sto con Popper quando dice:
«Io voglio mettere la libertà al di sopra
dell'uguaglianza». Per me chi dice
di voler mettere l'uguaglianza prima
della libertà non è di sinistra...
Se non si è liberi non si può neanche
essere uguali. Del resto la prima
a far discriminazioni è la natura:
chi nasce bello avrà opportunità diverse
da chi nasce brutto. Tante leggi
della natura non mi piacciono.
Perché un pesce grosso deve mangiare
quello piccolo? Perché, per sopravvivere,
una vita si deve cibare dell'altra?
Perché il leone deve mangiare la gazzella?
E che dire dell'uomo, che per sfamare
il suo ego vuole il potere e spesso
lo esercita facendo del male agli altri?
La furbizia e la disonestà sembrano
pagare sempre di più rispetto
alla sincerità e all'onestà.
Il regno animale di cui facciamo parte
è crudele e violento e l'umanità
deve fare ancora molta strada
per affrancarsene.

[2008]

Sono sempre stato contro ogni forma di razzismo. Bisogna che impariamo bene il significato della parola tolleranza, perché è importante convivere con le abitudini degli altri, anche se sono diverse dalle nostre. Lo racconto in *Mi si escludeva.* Mi ricordo che da piccolo ho sofferto molto. Ci si sentiva veramente dei diversi perché non eravamo nati in città. È l'istinto primordiale della bestia: ti danno fastidio quelli che non conosci perché hai paura di loro. Ma è un fastidio istintivo che bisogna saper dominare con l'intelligenza e con la tolleranza.
La tolleranza è una delle cose fondamentali che bisogna tornare a insegnare ai bambini, perché altrimenti scoppiano le guerre, punto! Viviamo in un mondo che non riesce a liberarsi dai pregiudizi nei confronti del diverso e che ha ancora bisogno di trovare un «colpevole» perché non sa affrontare le «colpe». L'intolleranza nasce dall'ignoranza.
[2010]

Nella vita mi è sempre piaciuto frequentare i limiti di tutto. Ma la libertà ha senso se è comunque all'interno di un limite, sennò non è libertà: è caos.

[2008]

In questo delirio salutista uno non può più nemmeno dire che ha il brutto vizio di fumare e che ritiene comunque peggio quello di rubare. Mi sembra che la lotta al fumo sia diventata una bella cortina fumogena dietro la quale nascondere tutte le magagne... È una questione di priorità: per me quella di difendere gli onesti dai ladri viene prima della difesa dei non fumatori, che comunque vengono rispettati perché tanto noi andiamo fuori a fumare... [2005]

All'inizio della mia carriera la gente stava distante da Vasco Rossi perché pensava fosse pericoloso. Mi consideravano il colpevole di tutto: se c'era la droga era colpa mia.

Era mia la responsabilità anche per quelli che avevano scelto la cocaina. Che poi a pensarci bene sono uno che testi sulla droga non ne ha mai scritti. Ne ho messo giù uno sulla Coca-Cola e tutti stavano lì a dire che avevo fatto delle allusioni. Ma nessuno ha mai accusato la bibita che è in circolazione da più di cent'anni proprio con quel nome lì. [2010]

La marijuana non è una droga, non è una sostanza che dà dipendenza. La marijuana è una pianta. In Giamaica viene usata e consumata da migliaia di anni addirittura nei riti religiosi. Bisogna toglierla dalla tabella delle droghe. Perché quello è un limite. Certo, è giusto metterlo. Così si divide. Di là si è saltato un fosso e si va nelle droghe sintetiche, che sono più o meno pericolose. L'eroina è pericolosissima, con la cocaina bisogna fare attenzione, le pastiglie non si possono mangiare due o tre alla volta perché fanno male, ma la marijuana deve essere depenalizzata. [2003]

Chi difende il proibizionismo fa gli interessi della mafia, spezzare il proibizionismo significherebbe sfiancare la mafia. Ma significherebbe anche rompere certi alibi dei benpensanti, come il ministro Giovanardi, che è arrivato a dire che il ragazzo Federico Aldrovandi, ucciso a diciotto anni dalla polizia, è morto perché se l'è cercata, visto che era un tossicodipendente. Ma vi rendete conto? [2011]

Ragazzi, non arrampicatevi
sui muri, non drogatevi,
non fumate, non bevete,
non fate casino, perché voi
fate troppo casino,
andate a letto prima,
anzi andate a letto subito:
dopo mangiato voi andate
a letto così stiamo
più tranquilli,
perché io e Giovanardi
non ne possiamo più
di vedere tutto 'sto casino.

[2011]

C'è gente oggi in Italia che crede che la libertà sia quella che ha portato Berlusconi, la libertà di fare quel cazzo che gli pare. Ma alla libertà vera della gente non ci pensano di sicuro. Lo dico io a mio figlio cosa deve fare, non questa gente. [2011]

Vorrei fondare l'Arci-tossico, in difesa dei tossicodipendenti, i più fragili, indifesi, che vengono invece trattati come dei cani: la pericolosità sociale del drogato non esiste, semmai il drogato ha bisogno di aiuto.

[2011]

Io canto gli ultimi perché sono stato un ultimo. Fabrizio De André aveva una visione più ampia della mia. Lui «condivideva», aveva uno sguardo dall'alto, non perché si sentiva superiore, ma perché aveva una visione completa dell'umanità e illuminava gli ultimi della fila.
Io sono stato l'ultimo della fila e ancora lo sono, per come sono dentro, per come penso, per come ragiono. Io mi sento diverso dagli altri, non faccio parte della massa, della maggioranza. Sono sempre quello di Zocca che viene dalla montagna, che gli altri consideravano diverso solo perché nato in provincia e fra i monti. In questo, il successo non ti cambia. Puoi diventare ricco, famoso e avere tutte le donne che vuoi – almeno prima della Laura – ma dentro senti sempre quella voce che ti dice: tu sei di serie b. E non ti passerà mai. [2005]

Le droghe ognuno deve
imparare a gestirle,
controllarle, non usarle,
non farsi usare.
Mi ricordo una battuta
che diceva un mio
amico: la coca tu
all'inizio la vai
a comprare, dopo un po'
è la coca che si va
a comprare da sola,
non sei più tu.

[2008]

Parlavo un po' di tempo fa con Stefano Bonaga delle droghe. Lui dice, e io sono d'accordo, che la droga non esiste. Perché tutto può diventare droga: la televisione, il denaro, il cibo, gli abiti. Una volta si insegnava ai bambini ad attraversare la strada, oggi insegniamo che fa male infilarsi un ago nelle vene. Certo, è giusto tutelare i ragazzi fino ai diciotto anni, ma insegnando loro a ragionare con la propria testa, altrimenti offendi la libertà dell'uomo. [1998]

Don Ciotti è una grande persona, una grande anima. Ho sempre pensato che approcciasse il problema della tossicodipendenza e della debolezza di una persona nel modo più giusto. Quello di aiutarla quando lo chiede e di lasciarla libera se vuole andar fuori, di non legarla con delle catene... Quelle secondo me non sono comunità, sono campi di recupero, sono campi come quelli cinesi... campi di rieducazione. [2010]

La rete è giusto che sia libera. Quello che mi ha sconvolto è che credevo che tutti mi volessero bene ed è stato un bagno di umiltà ricordarsi che c'è anche gente a cui Vasco Rossi sta antipatico, che non lo sopporta, quindi ha ragione a dire quello che vuole. Poi ho pensato: non c'è personaggio che può essere così odiato e amato come il cantante, amato alla follia o odiato in modo spaventoso solo perché ha scritto delle canzoni... Quando l'ho capito mi sono detto: «Va be', sai cosa faccio? Non vado a leggere i commenti!». [2011]

E mi ricordo chi voleva al potere la fantasia

Guarda che fine
hanno fatto.
Non si ricordano
più di quando
dicevano «potere
alla fantasia,
e fantasia al potere»?
Be', io me lo
ricordo.

[2005]

La nostra generazione ha lasciato un bel bordello ai ragazzi di oggi. Siamo arrivati al crepuscolo di una civiltà, i valori di giustizia e libertà sono stati messi da parte da chi ci governa. [2011]

I partiti non rappresentano più ideali ma interessi di categoria, e dato che sono una rockstar e non c'è nessun partito delle rockstar, io non mi vedo rappresentato da nessuno. Non è che non vedo le cose come stanno, scrivo canzoni, esprimo pensieri in cui si riconoscono tante persone. Però nessuno mi deve dire cosa scrivere, cosa dire. Non mi piacciono quelli che hanno le soluzioni facili. Sono i demagoghi, hanno successo perché non ti fanno pensare, come Hitler. Loro lo fanno per il tuo bene, tu non devi pensare. E invece bisogna tenere acceso il cervello. [2008]

La politica la faccio
con le mie canzoni,
ecco la mia rivoluzione.
Sono un fenomeno sociale.
Fuori vedo il casino che c'è:
mi fanno tutti rabbia, pena,
schifo e malinconia.
Mio padre era socialista
e non essere schierato
in quegli anni
con i comunisti o i preti
non pagava a Zocca.
Nella comune teatrale
di Bologna ho scoperto
Bakunin e gli anarchici.
Non quelli che mettono
le bombe, ma uomini migliori,
liberi, talmente responsabili
che non c'è più bisogno
di uno Stato che ti detti
le regole.

[2010]

Ci sono tante prigioni nella vita: le prigioni sono le dipendenze. Ci sono dipendenze da tutto, dalle sostanze, che sono quelle che si notano di più, ma c'è anche la dipendenza da un amore, da una persona, da un vizio, dal potere, dalle ambizioni... ecco, i politici sono tossicodipendenti della politica e del potere, però non li mettono in galera per quella dipendenza e invece mettono in galera chi ha la dipendenza dalla droga. [2008]

La politica bisogna farla più che commentarla. È come parlare di calcio al bar. In Italia siamo tutti allenatori. Ma per cambiare veramente qualcosa in questo paese ci vorrebbe la bacchetta magica.

C'è una burocrazia vecchia, costosa e inefficiente che nessuno si azzarda a toccare e riformare. Un debito pubblico accumulato allegramente in cinquant'anni di clientelismo e malgoverno quasi impossibile da sanare. Le infrastrutture e i servizi sono pessimi. Quelli che pagano le tasse si vedono portare via il 60 per cento del loro reddito anche per colpa di chi non le paga e che al massimo riceve una multa mentre dovrebbe essere messo almeno in galera. La giustizia ha dei tempi talmente lunghi che i processi durano decenni ed è come se non si facessero. Poi non c'è la certezza della pena. Unica certezza è la carcerazione preventiva. Una vergogna per un paese civile. Chi ruba miliardi a piccoli risparmiatori viene messo agli arresti domiciliari in attesa di un processo che con dei buoni avvocati non finirà mai, e il reato andrà in prescrizione.

La gente onesta e comune è ormai esasperata. Intanto i politici discutono in televisione di principi, valori, ideali, e firmano autografi. Vivono scortati, serviti e riveriti all'interno dei loro partiti e protetti dai loro privilegi. Se commettono errori o vengono coinvolti in qualche scandalo, gridano subito al complotto e non si dimettono né si vergognano. Se raccontano bugie o promettono cose che poi non mantengono, non subiscono nessuna conseguenza. Quando vincono vanno al governo e se perdono vanno all'opposizione, ma il loro stipendio rimane invariato. Per la gente cambia molto, per loro non cambia nulla. Troppi partiti e partitini, e molti che entrano in politica solo per fare affari e curare i propri interessi personali. [2007]

È necessario un «rinascimento culturale». Nuovi entusiasmi, nuovi valori e nuove consapevolezze. La coscienza della gente non dovrebbe essere manipolata dai mezzi di comunicazione di massa. Al contrario, questi dovrebbero difenderla e contribuire a farla crescere. [2010]

Dell'Italia non sopporto la r
il mito dell'improvvisazior
nel fare le cose. Non soppo
i politici, i giornalisti, i mag
con i loro privilegi. L'Italia
non sono mai certe e ce ne s
Anche volendo rispettarle,

[2007]

Ho imparato a guardare con occhi diversi ai problemi di questa società, una società che mi sembra aver perso quasi del tutto il senso della logica e che perciò scatena in me una grande rabbia: è lo stesso tipo di rabbia che una volta sfogavo dicendo «Siamo solo noi». Oggi forse potrei cantare «Siete solo voi...» ma il concetto è sempre lo stesso. Ormai viviamo nella confusione più totale. Nessuno fa più il suo mestiere. In Italia ci sono politici che fanno anche i manager, politici che fanno spettacolo, politici che rilasciano autografi... [1996]

ıcanza di professionalità,
la generale poca serietà
le «caste» degli intoccabili:
rati e i dipendenti pubblici
n paese dove le regole
ɔ troppe.
ıasi impossibile.

Il politico deve essere un rappresentante di specchiata onestà, deve poter rappresentare, deve essere meglio di noi. Se do la delega a uno perché mi rappresenti, pretendo che sia almeno meglio di me, e abbastanza trasparente. Non è che può avere altre vite... il politico ha delle responsabilità. Non puoi mica alzare il telefono, far venire la valletta... Lo dico io poi... Un conto è una rockstar, ma un politico deve avere un comportamento rigoroso. [2005]

Oggi le statistiche sono considerate uno strumento efficace (quasi sacro) per comprendere la realtà e di conseguenza determinare le nostre scelte. Vengono utilizzate dai nostri governanti in tutti i modi possibili per giustificare scelte, azioni e, molto spesso, decreti legislativi (urgenti o meno) che vengono imposti. Vorrei ricordare che le statistiche, utilizzate in modo improprio o inopportuno, possono affermare, con certezza assoluta, che se io mangio due uova e tu non ne mangi neanche una, «statisticamente», ne abbiamo mangiate «una a testa». [2010]

La cultura non riempie la pancia, ma riempie la testa... riempie l'anima, e non si vive di solo pane. Quindi cosa facciamo, Tremonti? Mangiamo solo?

[2010]

La tv è ormai il modello di riferimento per eccellenza. È uno strumento potente, che forma le coscienze, che è capace di condizionare milioni di persone. La tv dovrebbe essere quella che forma e non quella che disfa le regole: mentre ora grida all'omosessuale, al drogato, allo zingaro. Le letture di libri, la visione di film, l'ascolto di musica e di canzoni: questi sono mezzi di comunicazione poco soggetti alla strumentalizzazione. Anche l'uso di internet e di tutte le nuove forme di comunicazione è un modo utile per conoscere, imparare e confrontarsi.
È necessario allontanarsi un po' dalla televisione. Smettere di bersi ogni giorno i telegiornali per essere informati. Oggi la televisione è utilizzata da chi la controlla soprattutto come potente strumento politico. Quindi in realtà si è solo condizionati. Vorrei una televisione autonoma e indipendente, come gli altri tre poteri, quello esecutivo, quello legislativo e quello giudiziario. Penso che prima o poi le persone troveranno degli anticorpi per sottrarsi al dominio della televisione. Anche perché ormai siamo quasi alla frutta. [2010]

Se devo dire la verità, ogni volta che mi affaccio a questa «finestra», su questa pagina facebook... mi vengono le vertigini. Caspita! Siete due milioni e mezzo! Se ci penso mi si chiude la bocca dello stomaco e il cervello mi va in tilt. Cosa scrivere, cosa dire, come, quando e in quale forma... Per affrontare così come faccio questo nuovo strumento di comunicazione che è facebook bisogna essere un po' incoscienti (dei pazzi!) – come dicono alcuni giornali –, certo non degli individui razionali.
Per quanto mi riguarda, ho trovato un fantastico modo per occupare i lunghi tempi vuoti tra un tour e l'altro, tra la realizzazione di un progetto e un nuovo album.

Avete idea di quante ore ho passato davanti alla televisione aspettando il momento di salire sul palco? Quante giornate vuote ho dovuto riempire leggendo, dormendo, correndo e facendo di tutto nell'attesa che venisse l'ora, che arrivasse il momento giusto, il tempo... di tornare in scena, per l'uscita del disco, senza uscire di senno, per ributtarsi «nel mucchio»! Lasciamo perdere il luogo comune che dice: «Beato te che non hai un cazzo da fare. A noi ci tocca andare a lavorare». In questo paese l'invidia si coltiva come un valore, insieme con il vittimismo, il dilettantismo e il *ressentiment.* Una strana sorta di guerra civile strisciante continua ad avvelenare gli animi. [2011]

Sai cosa significa per me essere un uomo di sinistra? Significa comportarsi bene nella vita di tutti i giorni. Rispettare le persone, agire con lealtà e coerenza, fare anche beneficenza mettendo mano al portafoglio, senza però mettere i manifesti sui muri... Vuol dire anche non fregare gli altri, specialmente quando sei nella posizione di poterlo fare. [2002]

L'Italia è un posto
pieno di persone meravigliose,
c'è una quantità di gente onesta
che ogni giorno fa i conti
con la realtà con coraggio
e sincerità, giovani e vecchi.

L'Italia è un pozzo di risorse.
Se le cose vanno male
è grazie ai governi che
si sono succeduti dal '45 a oggi.
Altro che di privilegi li riempirei...
questi politici.

[2011]

Non si può continuare a fare leggi con la presunzione di educare: chi educa chi? Non siamo bambocci, l'umanità non è fatta di bambocci, non abbiamo bisogno di muri che ci indichino la strada, la vediamo da soli, sappiamo quando è bene e quando è male, abbiamo una coscienza. Una legge come quella affrontata dal referendum sulla procreazione assistita dice alle donne e agli uomini: voi non avete coscienza, ci penso io. Poi cosa inventano per non riconoscerci la coscienza? L'astensionismo. Contano su quel 20 per cento sicuro e fisiologico di gente che a votare non ci va, per invalidare il referendum. Ma ti pare una cosa seria? Non è questo un modo scorretto di sostenere la propria convinzione? Sarà il caso di rivedere i meccanismi referendari, così non si può andare avanti, è una questione di democrazia. [2005]

L'egemonia americana è ancora ben visibile. Gli americani ci hanno dato molto. Dopo la Liberazione erano cioccolatini, caramelle, sigarette e gomme da masticare, poi sono arrivati il rock'n'roll, il grande cinema e la letteratura. Gli sono riconoscente.
L'America mi ha aperto gli orizzonti, mi ha spalancato un mondo che mi era precluso. La loro arte ci ha quasi cancellato, anche se «cancellare» è un verbo forte. Il problema non è l'America, è il loro governo. In questi ultimi anni hanno deciso di fare sempre di più come pare a loro, senza tenere in considerazione gli altri. La politica sta diventando la loro rovina. E questo ha oscurato il mito. L'Europa, culturalmente, oggi non ha niente da invidiare all'America, il problema è che non abbiamo ancora preso coscienza di noi stessi. Dobbiamo cominciare a pensare con la nostra testa, a crederci. L'America che noi amavamo si è persa in un altro viaggio: la conquista del mondo e l'allargamento

dell'impero. Ora, un conto è risolvere i problemi, un conto è complicarli. Se tu invadi un altro paese, complichi, anche se dici di voler semplificare. [2005]

Sono appena tornato
e a parte la neve, che mi piace,
trovo il resto molto triste.
Manca il sole in questa città...
e anche nella politica di questo paese.
Sembra che sia in corso
una guerra civile (fredda).
Da sessant'anni ormai,
si alternano nebbiose e umide
stagioni politiche, nelle quali
il tirare a campare dei vari governi
e governanti, la loro incapacità
di cercare e trovare soluzioni,
i loro giochetti di potere
e la loro personale avidità,
ci hanno portati sull'orlo del disastro
economico e civile.

[2011]

ps. Da quando
si è scoperto che
a sparare cazzate
non si muore,
sono nati
il *commercio*
e *l'uomo d'affari*.

[2011]

Manifesto futurista della nuova umanità

La vita ti sorprende
sempre,
lenta, tranquilla e monotona
scorre.
Poi
improvvisamente
una situazione imprevista
e imprevedibile
accade!
Ti esplode in faccia
un problema.
Tutto si capovolge
in un attimo,
tutto cambia.
L'animo in tumulto
si dibatte in questa nuova lacerante
condizione...
Panico... ansia... confusione...
rabbia... ricerca... delle soluzioni possibili.
Il cuore batte forte,
il sangue pulsa nelle vene
e mentre ti senti barcollare e stai per crollare
quando ormai non credi più di farcela...
ecco la soluzione!
Arriva improvvisa!
ACCADE!
Tutto si sistema,
ogni cosa al suo posto,
la vita riprende
a scorrere
e tu
torni a darle un'altra possibilità.

[2011]

Viviamo tempi nuovi
fatti di solitudine
pochi ideali
di convenienze
di affari
Viviamo tempi nuovi

Viviamo sempre soli
con il nostro bagaglio
di dispiaceri
che non lasciano spazio
a nessun altro
Non si può condividere
l'inferno

Sembra che sia così
questa vita moderna
lasciatemelo dire
è una vera indecenza
che si debba nascere
per morire
avendo una coscienza
per capire

Viviamo tempi nuovi
molto diversi
da quando c'era Dio
con tutti i santi
che si sapeva come
dovevi fare
per guadagnarti
il paradiso
e il pane

Viviamo tempi nuovi
veramente
guardatevi un po' intorno
bella gente
non si può stare più
ad aspettare
che arrivi Godot
o Babbo Natale

[2010]

Non sono un maestro di vita, la racconto semplicemente. Parlo di sentimenti ed emozioni che spesso non si confesserebbero nemmeno a un amico. Ma sono veri e profondi. E soprattutto sono quelli che prova chiunque. Sono un'espressione, non una guida. Tutto qua. Quelli che si riconoscono nelle mie canzoni sono già così, non lo diventano. [2008]

Bisogna imparare
a stare soli,
solo così si può
imparare a stare
con gli altri,
altrimenti ci stai perché
ne hai bisogno.
Bisogna fare a scuola
un'ora di insegnamento
alla solitudine,
imparare a bastarsi.

[2010]

Questa vita non ha senso. È, e basta. Esiste. Noi nasciamo, cresciamo, moriamo, le cose esistono perché esistono, perché degli atomi si sono messi insieme, perché ci sono delle forze chimiche, ci sono la forza di gravità e la forza di espansione... Perché ci sono queste due leggi? Da dove vengono? Chi le vuole? Chi le ha pensate? Io non credo che ci sia un'intelligenza superiore che ha pensato tutto questo, credo sia tutto un caso, un caos che noi cerchiamo di mettere in ordine. Il nostro lavoro è cercare di mettere ordine in questo caos... riusciamo a farlo per un po', poi naturalmente torna il caos. [2008]

La realtà è meglio guardarla in faccia, altrimenti prima o poi ti arriva addosso. Guardarla in faccia poi non è così dura, o meglio è meno dura di quello che uno si immagina. È molto più duro il fantasma di quella realtà. Spesso è quello a farci paura. È come quando devi andare sul palco... tutto il pomeriggio vivi il fantasma del palco, poi alla sera quando ci sei, ci sei, è lì! [1989]

La bellezza è un talento, è innata, non è né una tua colpa né un tuo merito. C'è. Ed è un bene per l'umanità. Vedere una persona bella è come sentire una bella canzone, ti cambia l'umore della giornata. [2004]

La guerra continua sempre nella mia testa. Una volta si diceva che è una continua lotta contro l'animale che hai dentro... forse è una lotta contro le tante anime che hai dentro. Se c'è un vantaggio nell'invecchiare è quello di cominciare a prendere un certo distacco da quell'animale, cercare di tenerlo sotto controllo. Non essere troppo succube della... sì, insomma, di quella cosa lì. [2008]

L’uomo ha bisogno
di trovare un senso
e il senso ognuno
lo trova e lo dà
a quello che fa,
quindi un senso
ce l’ha per lui.
Però non puoi
venirmi a dire
che il senso giusto
è il tuo, ognuno
troverà il suo senso,
ci vuole tolleranza.

[2008]

Non mi piace
vedere la vita
come la vedo
quando sono lucido.
Preferisco guardarla
con due lenti rosa
o gialle o scure.
Non sopporto
la luce chiara
e spietata
della realtà.
Mi viene l'ansia
la tristezza
e poi la depressione.
Sarò un debole di spirito
oltre che di stomaco
ma ho deciso
di tenere gli occhiali da sole
per tutto questo lungo
e straordinario viaggio.

[2010]

Il concetto di «riduzione del danno» è ciò che mettiamo in pratica ogni giorno, dal momento che ogni cosa che facciamo, mangiamo, beviamo o viviamo... ci consuma il corpo... o l'anima! Negare o dimenticare la morte, perché anche solo parlarne è da sfigati, è già un danno culturale. Una cosa che può farci allontanare dalla consapevolezza di essere umani. Perché senza la morte, la vita non esisterebbe neppure. Non accettare l'inevitabilità della morte significa anche non saper cogliere la realtà della vita. Bisogna ricordare sempre che la vita conduce inevitabilmente alla morte e che essere vivi significa rischiare di morire.
L'unica cosa che possiamo fare – e che facciamo sempre – è la cosiddetta «riduzione del danno»: sappiamo di dover morire, eppure cerchiamo di vivere il più possibile. «Riduzione del danno»: cerchiamo di farci meno male possibile, anche se questo non cambierà certo il nostro destino. «Riduzione del danno»: il vero unico danno è la morte, e dobbiamo cercare di ridurlo relegandolo a un momento soltanto, invece di morire mille volte al giorno per la paura, per le paranoie e per l'utopia assurda di una sicurezza totale. La vita è precaria! [2011]

Non è un problema morire, il problema è soffrire. Perché noi l'esperienza della morte non la faremo mai. Noi siamo eterni, non moriremo mai, perché quando saremo morti non ci accorgeremo di essere morti, quindi siamo sempre vivi. In realtà quando si pensa alla vita eterna, è questa! L'esperienza della nostra morte la faranno gli altri. Ecco perché la morte è brutta... quando ti muore qualcuno perdi una parte di te, e soffri. [2008]

Leggo Nietzsche quando voglio uscire da qualche situazione, quando ho bisogno di affrontare qualcosa. Perché ti cambia la prospettiva, ti fa pensare in un altro modo. E così ti costringe a cambiare. Nietzsche è stata una scoperta personale, e un investimento: grazie a lui ho investito su uno stato di lucidità permanente. Il pensatore che annuncia la morte di Dio, che ti fa capire che non c'è senso nelle cose, che di fronte al caso conta solo la tua scelta: questo è il mio Nietzsche.
Poi, a essere onesti, io Nietzsche ce l'avevo già dentro. Il filosofo raccomandava di «vivere pericolosamente»? Bene, all'inizio degli anni Ottanta io scrivevo una canzone che cominciava proprio così: «Voglio una vita, spericolata...».
[1998]

Siamo esseri inutili e imperfetti, travestiti da arroganti e da saggi. Ci raccontiamo balle tutto il giorno.

[2005]

C'è una visione che mi affascina: lo spirito informa la materia, cade dal cielo, diventa uomo, si fa corpo e poi muore qui sulla terra. È il capovolgimento di quello che si dice sempre, che è la materia che muore e poi si fa spirito e sale in cielo. Mi piace l'idea che anche lo spirito debba fare i conti con i limiti dell'umano. Noi siamo limitati. Ecco perché pretendiamo così tanto da noi stessi, sbagliando. È lo spirito illimitato che parla in un corpo limitato. Il corpo invecchia, degenera, muore. E lo spirito deve adattarsi. Preferisco questa visione all'altra. Lo spirito che, sapendo di dover morire nel corpo, si prepara alla morte. Io mi sto preparando, visto che un po' di tempo davanti ce l'ho. Almeno credo. [2005]

Il *Manifesto futurista della nuova umanità* nelle mie intenzioni è una provocazione... ironica, niente di più di una canzone. In sintesi, è l'uomo nuovo, quello di oggi, senza più «fede» in un creatore.

Signore perdonami
se non ho più la fede in te
ti faccio presente che
è stato difficile
abituarsi ad una vita sola
e senza di te.

Un Uomo nuovo, che riconosce la vita come una combinazione di fattori casuali, reazioni chimiche della natura, che da sola, per caso e per necessità...

arriva impetuosa...
ed è un miracolo che ogni giorno
si rinnova.

La vita quindi per lui è un caso, non un dono. Ne accetta il peso, la responsabilità, e senza bisogno di «potenze superiori», la rispetta fino a quando lei rispetta lui.

Ti faccio presente che
ho quasi finito
ho quasi finito anche la pazienza
che ho con me!

Un Uomo nuovo che, al posto delle certezze assolute delle antiche religioni e delle vecchie filosofie, pone la scienza e le sue dimostrazioni... valide... fino a prova contraria...

La vita semplice che mi garantivi
adesso è mia però
è lastricata di problemi.

Un Uomo nuovo, consapevole del miracolo della propria esistenza, che stabilisce infine un patto con se stesso...

Ho fatto un patto sai
con le mie emozioni
le lascio vivere
e loro non mi fanno fuori.

[2011]

Ho scritto un nuovo *Manifesto futurista* dopo quello di Marinetti. Il primo comandamento della nuova religione è: devi avere rispetto per te stesso. Io non ho mai avuto rispetto per me stesso, non ce l'avrò mai! Ma se lavori su quello, sull'avere rispetto per te stesso, è già il primo passo per andare avanti molto meglio in questo mondo, sapendo quello che siamo... È chiaro che dopo rispetti anche gli altri. [2011]

L'uomo nuovo del *Manifesto futurista* è un uomo che «destituisce», con rispetto, riverenza e perfino affetto, la vecchia figura di Dio dalla «carica» di creatore. Analizza la nuova prospettiva che gli si presenta davanti e la accetta. Capisce di essere frutto del caso e della necessità, e di non avere ricevuto in dono la vita. È disposto a rispettarla fino a quando lei rispetterà lui. Sa di essere solo in questo universo e di essere in definitiva «lui stesso» il vero miracolo. Un essere capace di creare ordine dal caos e di modificare la realtà nella quale vive. L'unico vero Dio è lui. Ora deve stabilire dei patti con se stesso e sa di aver bisogno di illusioni. Quindi fa un primo patto con le emozioni e sceglie la più grande di tutte le illusioni: l'amore. [2011]

Io *non sono* ateo... sono etero.

[2010]

Prendere la vita sul serio sarebbe logico se essa non fosse un inganno. E che sia un inganno lo si capisce subito. Niente di ciò che appare esiste veramente al di fuori della nostra mente. Quello che vediamo è quello che vogliamo vedere. Campi di forze, di energia, reazioni chimiche noi le vediamo come dei sorrisi, dei complimenti, dei saluti. Potenti forze come la gravità per noi sono l'amore, l'attrazione.

Il caos degli elementi, i venti, le tempeste sono per noi i nostri turbamenti; le nostre gioie, i nostri dolori sono reazioni ad «affezioni» delle «infinitesime parti infinitamente piccole» (Spinoza) che ci compongono e che sono in continuo contatto con le «infinitesime parti infinitamente piccole» del mondo che ci circonda. Ogni esistenza, ogni fenomeno, ogni cosa sono equilibri di forze in perenne conflitto ed evoluzione. Ho sempre avuto la sensazione che anche la mente cosciente sia un delicato e precario equilibrio sopra la follia. [2011]

La scienza ha ormai preso il posto delle religioni. Già da tempo essa guida le nostre scelte, i nostri comportamenti. Le nostre idee, le nostre convinzioni oggi non si basano più su verità assolute «immutabili», stabilite da antiche filosofie o da libri sacri. Si basano su concetti scientifici, validi... fino a prova contraria.
La scienza non dà certezze assolute. È sempre pronta a rivedere le proprie posizioni e, dato che tutto si muove, tutto cambia, tutto si trasforma, è uno strumento molto più utile e adatto ai nostri scopi. Ogni cosa è in divenire... ogni persona è una possibilità in divenire (scusate il tono un po' fuori dal comune...), tutto viene dal niente... esiste... e torna al niente. La scienza non conosce le regole del niente, quindi può solo azzardare ipotesi, cercando di confermarle attraverso il metodo scientifico, ma non può affermare con certezza assoluta che un tale evento accadrà sempre. Anche il tacchino pensa di vivere una vita tranquilla e sicura. Fino al giorno in cui gli tagliano la gola. [2010]

Non credo, con tutto il rispetto per chi ha fede, che ci sia una volontà che ci ha creati, per cui noi dobbiamo rispondere a quella volontà in qualche modo. Io penso che sia stata utile per gli anni passati, ma adesso l'uomo ha preso coscienza che è nato da reazioni chimiche, è frutto della natura, del caso, della necessità...

Questo non vuol dire che la vita valga meno, o abbia meno importanza, o meno dignità di quello che aveva prima. Anzi, sicuramente ne ha di più, perché in questo caso è l'uomo che prende coscienza di essere lui stesso il miracolo dell'universo. Lui, la materia che ha dentro l'energia che si trasforma in spirito. La materia e l'energia sono due cose di solito ben distinte, non convivono. Invece in noi convivono le due cose: materia ed energia. L'energia e lo spirito. L'uomo che si rende conto che adesso è lui il miracolo, deve rispondere a se stesso, a nessun altro, solo a se stesso.
Il diavolo che ti tenta purtroppo non esiste, il diavolo è dentro di te, è una parte di te, che molti non conoscono, molti non vogliono nemmeno vedere, ma che invece per me è molto importante conoscere, per cercare di tenerlo sotto controllo. È chiaramente una parte che ci fa schifo, una parte che odiamo, la parte più buia di noi, che però abbiamo dentro. Quello è il demonio. [2011]

Penso quindi sono... *fottuto.*

[2010]

Ho smesso di credere quando ero in collegio dai salesiani. Avevo quindici anni. I preti dicevano che se avessimo fatto la Comunione senza esserci prima confessati ci sarebbero successe cose terribili. Un mio amico mi raccontò che a lui non era accaduto niente. Provai anch'io: aprii la bocca, il sacerdote mi diede l'ostia... Niente. Adesso, però, vedo che in giro c'è una nuova religione, quella del corpo. Bisogna essere sani, vivere in eterno. Io, invece, penso che morire bisogna morire. [2009]

Dio *è morto*. L'uomo è il grande mistero e il grande miracolo di questo universo.

[2011]

Il concetto che Dio è morto è fondamentale, vuol dire che Dio è morto, ma l'uomo è vivo. Da piccolo credevo all'Angelo custode, alla Befana, a Babbo Natale, credevo in Dio. Poi, crescendo... è sparito tutto. [2008]

Sono stato battezzato, come tutti allora. Ma non sono né credente né praticante. Marx diceva che la religione è l'oppio dei popoli, forse è ancora così. Quando raccontano dell'aldilà con i premi e i castighi, lo fanno per tenere buoni quelli che in questo mondo stanno davvero male. Con tutti i progressi della scienza, mi sembra incredibile che si continui con queste storie. L'unico miracolo vero è l'uomo, la materia che è diventata cosciente. Punto. Non c'è un altro mondo oltre questo, dopo non c'è niente, per questo bisognerebbe far qualcosa qui.
Quanto poi all'idea che ti puoi ripulire la coscienza andandoti a confessare, non ci ho mai creduto, anche perché non mi è mai riuscito. Sono io che devo fare i conti con la mia coscienza, devo rispondere solo a lei, non alla Chiesa, ai politici, alle leggi. Ci sei tu e basta. E non è proprio facile. [2008]

Dio, il cielo, il caso, la natura, non so. C'è un mucchio di gente che chiama tutte queste cose «Dio», perché non posso farlo anch'io? Non ho una fede, ma invidio quelli che ce l'hanno. Non importa che Dio esista oppure no: intanto loro stanno meglio perché credono che esista. In fondo la faccenda è tutta qui, perché se guardi la vita per com'è, alla fine è solo crescere, soffrire e poi morire. [2008]

Non credo che esista un Dio, quello buono, quello del paradiso. Se ci fosse, non mi spiegherei tutto il dolore del mondo. Non riesco a mettere in relazione queste due cose... non mi torna... se ci fosse un Dio. [2009]

Esistono un sacco di Dipendenze
più o meno tossiche
più o meno pericolose
alcune tollerate
altre criminalizzate
alcune condannate
altre incoraggiate
molte non considerate

Esiste la dipendenza dall'alcol
dalla droga
ma anche dal sesso
dal potere
dal successo
dai soldi
dai genitori
da un lavoro
da una donna
da un uomo
dalla gelosia
da un amore
perfino da un Dio
o da una fede

Non saprei quali sono le più pericolose
per sé e per gli altri

[2009]

Partire è un po' morire
è vero
si muore a questa vita di abitudini e di sicurezze
per rinascere da un'altra parte
in un altro posto
nuovi, vergini
e diversi

Poi si torna

Sono sempre un po' triste,
prima di partire
poi
appena ho chiuso la porta di casa
l'umore improvvisamente cambia
e comincia quella frizzante e leggera eccitazione
che mi consolerà per tutto il viaggio

[2011]

Certi momenti ho bisogno di silenzio e di solitudine
Certi altri ho bisogno di compagnia e di amore
Certi momenti ho bisogno di musica
A tutto volume
Certi momenti ho bisogno di musica
Ma di abbassare il volume
Certi momenti ho bisogno di scrivere
Certi momenti ho bisogno di leggere
Certi momenti ho bisogno di parlare
Di sfogarmi, di dominare
Di agire, di fare
Di sostituirmi a Dio, al destino
E di modificare
Certi altri ho bisogno di stare zitto
Di ascoltare
Di non agire
Di non interferire
Di lasciar perdere

[2011]

La vita è un po' come un'onda che ti trascina e ti trasporta... Poi, però, raggiunge la riva e sembra morta. Invece no: si rinnova! Arriva un'altra onda ancora! E ancora...! Così io ho dichiarato conclusa la mia stra-ordinaria attività di rockstar. Ho corso in salita (ed è stata dura!), e ho raggiunto la vetta, la cima...! Di ogni lista, di ogni classifica! Quindi, ragazzi, ho chiuso un cerchio, ho concluso un ciclo, ho finito una corsa che mi ha portato alla vittoria. Ho raggiunto la mia meta! E la mia meta è stata quella di aprire la porta... dei vostri cuori.

In questi anni, grazie ai miei concerti, sono stato ospite nelle dimore delle vostre anime. Ho visto stanze splendide, tutte diverse. Piene di luci colorate e di ombre scure, con centinaia di quadri appesi, e tesori nascosti, e passaggi segreti e finestre con viste bellissime. Adesso esco di scena... ma non dalla storia! Adesso cambio forma, cambio mira... mi lancio in una sfida nuova. Alzo la posta. Sta per nascere un Vasco nuovo, inedito, ancora più libero, più vivo e più solo... Ancora più folle, temerario... e scomodo. [2011]

Poi l'anima che si arrende alla malinconia

Ho avuto tanto dalla vita.
Ho avuto una vita spericolata.
La mia sembra la favola
di Cenerentola.
Al posto della strega, la chitarra.
La strega sono stati gli eccessi
degli anni Ottanta e il mio principe
la musica rock. Ma io sono un'anima
in pena, mai contento, mai felice,
mai sereno. Mai soddisfatto.
Eternamente alla ricerca di qualcosa.
Il mio «male di vivere» lo combatto
con la musica e le canzoni.
L'affetto della gente
è una grande consolazione.

[2008]

La mia non è tristezza, è amarezza. Ha ragione Houellebecq quando dice: «La vita, comunque la vivi, finirà per spezzarti il cuore». Anche se hai raggiunto quello che desideravi. Perché l'artista è un uomo normale: magari ha fatto una cosa straordinaria, ma lui resta sempre un uomo, è la cosa in sé che è straordinaria. [2008]

Quando racconto ciò che sento esprimo quello che hanno dentro tutti. Siamo fatti tutti della stessa natura e abbiamo dentro la stessa sofferenza. Anche se sembriamo diversi. [2011]

La felicità è sempre un
finisce subito. Non è u
La serenità può essere
ma devi rinunciare a c
alle sensazioni forti.
Devi rispettarti fino in
E io non ci sono mai r

[2011]

attimo,
na condizione.
una condizione,
ialcosa,

fondo.
uscito.

Quando ho finito un concerto, o quando sono a metà concerto, ho dei momenti di felicità, poi chiaramente la vita... Sono un carattere di quelli che hanno il famoso mal di vivere. Io non so cosa sia, però in realtà sono un tipo molto solare quando c'è la gente... Sono convinto che ci sia per forza qualcosa che ripaga, un equilibrio, insomma: ho così tanta soddisfazione dal punto di vista artistico che per forza devo pagare una sofferenza. La sofferenza che sento dentro, spesso la uso per dare più profondità alle mie canzoni, quindi ben venga anche quella. [2011]

Quando sono sul palco
è il momento in cui
sono più sicuro e tutto
è *chiaro*.
Il bello è che prima
dei concerti sono sempre
un po' preoccupato.
Dovrei essere molto
più preoccupato quando
mi sveglio la mattina
e comincia una
nuova giornata.

[2011]

Io sono uno fondamentalmente malinconico... ma quando vedo la gente... mi eccito molto.

[2010]

Scrivo pezzi amari... mi vengono così... certe frasi mi arrivano... non sarebbe meglio cambiarle? No, le devo dire... Alla fine sono quelle e le devo dire, ma sono convinto che il popolo capirà, con loro c'è un feeling mentale, è un discorso che è partito nel '78 con *Jenny* e *Silvia.* Già *Jenny* aveva chiarito che non ero un ragazzo particolarmente felice o allegro, avevo qualche problema di esaurimento nervoso, come si chiamava a quei tempi, oggi si chiama depressione. [2005]

Non sono né un profeta né un eroe. Sono una persona con tanti dubbi e poche certezze, che racconto nelle canzoni. Tante insicurezze e fragilità che mi portano a fare errori. Una volta ero contro tutti, perché tutti mi erano contro. Ora è diverso. [2004]

Il successo è il riconoscimento che quello che fai l'hai fatto bene. Ed è una soddisfazione che si può avere in qualsiasi lavoro uno faccia. La celebrità, che tutti cercano tanto, è un'altra cosa. La celebrità è un po' come andare in giostra, all'inizio è divertente, ma dopo un po'... be' anche quello diventa una bella palla. [2010]

Los Angeles è una città enorme, che io non conosco e dove mi perdo. È un luogo dove si respira il rock nell'aria. Lì posso uscire dal mio personaggio, perché quando me lo porto dietro in Italia in certi momenti diventa un po' pesante. Quando vado a Los Angeles per lavorare ai dischi, mi prendo una vacanza da me. Lì nessuno mi conosce, c'è sempre molta luce. Mi fa stare bene. [2008]

Ci si deve vergognare di stare male?

Io sto male,
va bene?
Avete capito?
Basta con
l'ipocrisia.
Si può dire
che sto male
o devo *sempre*
stare bene?

[2011]

L'amico fragile... ma a volte basta un complice

Un amico
è uno che sta
dalla tua parte
quando hai torto,
non quando
hai ragione.
Perché quando
hai ragione
sono capaci tutti.

[2007]

Nessuno muore mai completamente, qualcosa di lui rimane sempre vivo dentro di noi. Viva Massimo Riva!

L'attuale formazione è quanto di meglio io possa chiedere. Massimo Riva, uno dei due chitarristi, è un artista puro. Da piccolo suonava il pianoforte ed era considerato un bambino prodigio. A tredici anni faceva già il disc-jockey. È un profondo conoscitore di tutti i generi musicali. Lavorare con lui è davvero stimolante; per me rappresenta un po' quello che Keith Richards è per Mick Jagger. [1984]

[*In risposta alla frase di Luciano Ligabue: «Secondo il galateo della perfetta rockstar, io che non mi drogo sarei fuori target», pronunciata a poche ore dalla morte di Massimo Riva.*] È morto un amico e invece del silenzio c'è chi, per accrescere la propria credibilità, ha scelto di «speculare» lanciando anzitempo inutili messaggi moralizzatori. Questo addio silenzioso non preserva noi dal solito e banale chiacchiericcio moralista sui rischi della droga e blablabla... Complimenti! Complimenti al vostro buonismo, al vostro «stare comodi...», alle vostre «soluzioni semplici...», al vostro «non avere nessun amico in difficoltà» e al vostro immenso cinismo! [1999]

Riva è stato, Riva ha fatto, Riva è morto... La cosa che più mi manca di lui non è quello che faceva, è quello che era. Un chitarrista si trova a ogni angolo di strada, senz'offesa. Quindi quello che si fa non ha poi molta importanza. Conta molto di più ciò che si è. Bene, Massimo, noi siamo ancora qui e tu sei già lassù bello comodo. Hai tirato la maniglia di sicurezza prima del tempo, ti sei rotto i coglioni... hai la mia comprensione... Noi però ci siamo rimasti male e siamo ancora qui a pensarti, a ricordarti, mentre tu forse non ti ricorderai di noi. Sarai troppo disperso nell'universo per questa strana esperienza di individuo «separato» e consapevole di esistere su questo sasso.
Bene, Massimo, noi nel primo anniversario della tua partenza ti abbiamo organizzato una «bella selezione» di giovani talenti, una festa per te! Sei contento vero? Diamo un premio alla ri-Velazione Rock dell'anno... ZERO (nel senso di 2000, non t'allargare troppo pensando che cominciamo a contare gli anni da quando non ci sei più te! Di' la verità, l'avevi pensato...). Facciamo una festa in piazza... ti ricordi quell'idea balzana di te e Gildo di fare la festa della libertà... a Zocca?... [2000]

La gente che lavora con me Io sono fatto così. Quando trovo una persona che mi piace non la mollo È *fondamentale* avere intor

[2008]

Ho scoperto cosa vuol dire la poesia grazie a De André. A scuola la poesia l'ho sempre odiata. La donzelletta vien dalla campagna in sul calar del sole e reca in mano un mazzolin di rose e viole, a me ha sempre fatto un po' pena sinceramente... invece le canzoni di De André erano vere poesie. [2005]

Maurizio Lolli [manager di Vasco, *ndr*] era protettivo nei miei confronti. È stato uno shock quando a lui a un certo punto è venuto un tumore al polmone. Mi è mancato proprio tutto. Mi è mancato l'amico, il confidente, il fratello... insomma tutto. Questo è il caro Lolli, a cui ancora voglio molto bene e che ringrazio di essere esistito. [2008]

La condivisione è una cosa fondamentale. Se non condividi una cosa con qualcuno è come se non l'hai vissuta. Un piacere, una cosa bellissima, se la vivo da solo per me non è abbastanza, anzi, quasi non è. La devo condividere subito con qualcuno. [2011]

la mia seconda famiglia.

iù.
o qualcuno di cui ti fidi.

Essere figlio di Vasco Rossi non credo sia così divertente per loro. In realtà hanno un sacco di pressione addosso. Come padre non so... forse sono un po' una frana. Però Laura è molto brava. Ed è un buon motivo per me per tornare a casa la sera. [2004]

Amo la donna... però nel rapporto con una donna ci sono momenti un po'... difficili. Quello che ho scritto in *Non sei quella che eri* è il racconto puntuale di una situazione che si vive: «Quando sono qui, vuoi che vada lì...». È un po' un modo di fare che ha la donna. Ogni tanto succede che a un certo punto, quando sono a casa, mi sento dire: «Ma perché questo l'hai messo qui, lo devi mettere lì!». E mi verrebbe naturale rispondere: «Perché non lo sposti e basta?!». Non lo dico mai... diciamo che è un modo di comunicare che le donne hanno. Diciamo che è una sublimazione del sesso... se tu a quel punto le salti addosso... tutto si risolve e i problemi dopo sono molto minori! [2011]

Ho avuto il cuore spezzato molte volte... infatti adesso è fasciato... ci sono molte cicatrici. [2005]

Mi ero stancato di avere paranoie fasulle, quindi mi son detto: tanto vale che costruisca qualcosa di reale, mi faccio una famiglia, così poi ho dei problemi veri. Certo, coniugare le mie due vite è difficile, ma sono contento. La famiglia mi dà serenità, mi aiuta a scaricare tutta la pressione che accumulo. [2004]

È vero che i figli danno gioia: solo a stare vicino a Luca, anche solo a guardare la tv con lui, o a vederlo disegnare, provo gioia. Poi è chiaro che vorresti che lui fosse come tu pensi, ma lui è un'altra persona. La prima meraviglia di cui ti rendi conto è che lui è una persona, con la sua testa, che ha il suo modo di vedere le cose, ha il suo modo di pensare e sentire. Cerchi di dirgli magari le cose che tu sai che sono giuste, ma finché non ci mette la testa lui non c'è niente da fare... Il destino del genitore è quello: dire le cose e poi aspettare e soffrire finché lui farà quello che ritiene giusto. Tu ci devi essere quando lui ha bisogno, ci devi essere e basta. La vita è sua e deve viverla come vuole. [2004]

Un figlio ti cambia davvero la vita. Non sono di quei papà che accompagnano il bimbo all'asilo: difficile vedermi in giro prima dell'una. Lo accompagna Laura, la mamma. Che cosa fa? Fa la mia donna. Una volta Pino Daniele mi ha detto: «In questo mestiere le donne ti possono schiacciare». Per questo ho scelto una compagna fuori dal giro: temevo la sindrome di Yoko Ono. Adesso mi chiedono come faccio a stare con una donna sola. È un patto. E poi, abbiamo già dato e di questi tempi chi vuole rischiare più? [1995]

I fan sono quelli
che mi danno l'energia
di essere ancora qua
come Vasco Rossi.
Sono loro in pratica
l'energia di Vasco Rossi.
Mentre l'energia di Vasco
sono Luca, Lorenzo e Davide.
Sono la ragione vera
per stare in questa splendida
valle di lacrime.

[2011]

Non mi sono mai sposato perché il rito del matrimonio non rientra nella mia idea di vita. Voglio esser libero sempre, ogni giorno, voglio che siamo liberi tutti e due. Quello con la Laura è però praticamente un matrimonio. Anzi... un progetto di famiglia. [2008]

Laura non scherza mica: un tipetto... Quando si allea col figlio poi... L'altro giorno eravamo in macchina e hanno fatto una mezza sommossa. Io ascoltavo i Genesis, lei voleva la sua techno: roba orribile da ballare. Il piccolo naturalmente era dalla sua parte. Hanno vinto loro. A volte mi chiedo che succederà tra qualche anno. Ma se sono fortunato crepo prima: non voglio trovarmi di fronte mio figlio che mi dice che la mia musica è una schifezza. [1995]

Oggi ho capito che, se non ci fossero le famiglie in una società così sballata e gestita da politici che se ne fregano della gente, tutto andrebbe a rotoli. Forse la cosa più logica da fare è mettere al mondo dei figli, altro che lavorare!

[1996]

Non ho avuto figlie femmine. Questa è stata la mia punizione divina, perché l'avrei voluta veramente una femmina, avrei voluto una donna che mi amasse davvero... invece si vede che il destino voleva che non ci fosse. [2008]

Con molta fatica riesco a superare la morte di chi mi è vicino. Non riesco a colmare la distanza. Non riesco a riempire il vuoto di chi non c'è più. In tre casi non sono ancora riuscito ad accettare la morte. Il loro addio mi ha destabilizzato. Il mio manager Lolli, Massimo Riva e il mio amico Marietto (Mario Giusti). Con loro è stata dura ed è dura. Non me ne faccio una ragione. So che non ci sono ragioni, nella morte, ma alcune sono più difficili da digerire di altre. Dopo le loro morti, ho fatto più di una cazzata e mi sono ripreso per i capelli. Per fortuna. [2005]

Dimenticare non è facile, ma perdonare è più difficile, per me è impossibile. Con Gesù Cristo è entrato nella religione il concetto del perdono: l'uomo deve perdonare per spezzare una catena di vendette, perché altrimenti non si spezza mai. Ma per farlo ci vuole una grande forza, la forza che veramente hanno solo gli uomini molto grandi... gli uomini un po' piccoli come me, che non riescono a perdonare, si sforzano di dimenticare. [2008]

Nanda Pivano sarà sempre la nostra ragazza. Anche ora che se ne è andata a raggiungere i suoi eroi in cielo, non morirà perché è stata una fonte di amore, ci ha fatto scoprire la letteratura americana ma anche le cose belle e l'amicizia. [2009]

È morto De André... viva De André! Era un artista limpido... e sincero, era un poeta vero! Una persona splendida, schiva e a culo! Non la menava mai. Non «la vendeva»! Non ne aveva bisogno lui. L'ho conosciuto... e lui... mi sorrideva! Quando parlavo di lui... mi capiva! Ho pensato che non è mai facile incontrare persone così.... ancora schiette... forse disilluse... ma senza fretta e senza... paranoie! Ciao... e grazie Fabrizio... grazie di tutto! [1999]

Cosa volete che dica? Avete bisogno
di riempire pagine? Non lo sapete
che Battisti è già nel cuore di tutti?
Non c'è bisogno di scriverlo o di
andare in televisione a «dirlo»!
Noi non ne abbiamo bisogno!
E voglio scriverlo, questo, a nome
di tutti quelli che, dite voi, sono stati
colpevolmente (?) zitti!
Vedete... quando muore uno
come Battisti... un genio, un leader,
un maestro, un grande artista che
ha deciso a un certo punto di smetterla
di parlare con i... voi, i «media», ecc.
ecc. forse perché lo avete deluso!
Per non permettere più di stravolgere,
strumentalizzare, travisare concetti
espressi in buona fede, rilasciati
durante interviste sincere.
«Uno» che non vuole più che le sue
«dichiarazioni oneste», fatte col cuore,
vengano usate in altri contesti,
per altri scopi, in modo improprio
o addirittura strumentale,
per ridicolizzare o sminuire,
umiliare a uso e consumo...

«coperti» da quella impunità che rende
invidiosi, cattivi e malvagi!
«Uno» che vuole... staccare, restare
lontano dai riflettori... da quella ribalta
che per voi è così importante,
e che lui forse giudica un circo
equestre, con nani, funamboli
e ballerine... rispetto al quale si sente
magari un po' estraneo...
«Uno» che per non prestarsi più
al gioco del pettegolezzo,
dello spettacolo nello spettacolo,
dello scoop, della notizia
non confermata, delle foto proibite
su «Novella 2000», delle trasmissioni
televisive ecc. ecc. sparisce del tutto,
si ritira da questo mondo.
Anche da quello normale.
Perché non ci può più tornare.
«Uno» che desidera solo essere
considerato l'autore delle sue canzoni!
Senza più esagerazioni, mitizzazioni...
«Uno» che vuole smetterla
di apparire come voi lo fate apparire
involontariamente, naturalmente,
casualmente... non responsabilmente,

nel senso che non siete determinanti
come «singoli»... siete troppi...
e individualmente non siete così
potenti o influenti!
Be', tranne qualcuno naturalmente...
raccomandato, che scrive sul giornale
più diffuso... e può divertirsi...
Un artista che vuole affidare «solo»
alle sue opere la comunicazione delle
sue emozioni, della propria arte...
e lo fa così bene, tra l'altro, che viene
capito da tutti... senza bisogno
di «spiegazioni», di articoli,
di interviste, di niente!
Uno così, lasciatemelo dire,
voi lo dovete rispettare! Stare zitti,
non scrivere niente,
osservare un minuto di silenzio,
andare in vacanza, prendere le ferie,
inventare una bella scusa per il...
direttore... e lasciare ai «cronisti» il
compito di informare che Battisti...
è morto! Il resto lo «sappiamo» già!...
tutti! In fede e in pace.

[1998]

Siete solo voi

Il popolo del *Blasco*... Il loro entusiasmo è la mia benzina!

[2010]

Non è l'ambiente che conta, non è l'artista che sceglie il suo pubblico, è il pubblico che sceglie il suo artista. E il «rapporto» è sempre lo stesso, che siano 10, 100 o 100.000... sono sempre un'anima sola. La grande anima umana. [2007]

Io, in realtà, rappresento la rivincita dell'uomo comune... Tra me e la gente esiste un rapporto particolare, un feeling molto forte. Così succede, specialmente nei concerti, che le persone del pubblico mi considerino proprio uno di loro. E che le mie storie diventino le storie di tutti, raccontate con le stesse parole che userebbe chi viene a sentirmi cantare. Per questo dico che è proprio come se fossi uno del pubblico che sale sul palco e gioca a fare la rockstar. [1993]

È un gioco che faccio dal palco,
mi trasformo nel fratello
maggiore o nel genitore e grido:
«*Siete solo voi!*».
Anche perché io ormai
mi rendo conto
di essere cresciuto,
di essere andato avanti.
Adesso non vedo più
tutto bianco e nero, ho scoperto
che esistono le sfumature.

[2008]

Oggi i giovani non seguono nessuno... non hanno più rispetto per niente e per nessuno. Se seguono me, lo sai perché succede? Perché io canto quello che canterebbero loro se non lo cantassi io... e perché hanno paura del buio come me, e cantano per farsi coraggio. [1983]

I miei fan vengono, si confessano. Hanno tutti un Vasco Rossi incorporato. Io dico loro, un po' imbarazzato: «Sono qui in rappresentanza del mito, sono una persona vera». Mi guardano come uno specchio, come se guardassero loro stessi. Le mie canzoni sono la loro rivincita. [2001]

Cari amici, fratelli, compagni di strada, di vita, di illusioni, di passioni e di grandi delusioni. Non vi chiamo fan. Per voi la parola fan è riduttiva, semplicistica e anche un po' offensiva. Voi siete persone! Con una grande affinità elettiva tra voi e con me! Non siete una massa ottusa e omologata, rimbambita e unita, amante della Coca-Cola o persa e delirante dietro lo stesso cantante, sognando di sposare Simon Le Bon.
Voi siete un'altra razza, un'altra storia. Intanto siete individui unici e particolari, molto diversi tra voi nelle espressioni esteriori, nei comportamenti, e perfino nelle scelte che fate e nelle cose in cui credete. Siete degli individualisti. E non siete certo privi di valori. Li avete chiari e non sono più quelli dei vostri genitori. I vostri sono più semplici, o meno spettacolari o eroici; sono cose come l'onestà, almeno di pensiero. La lealtà verso gli amici e la ricerca di un lavoro, che se anche non sarà la realizzazione dei vostri sogni o di voi stessi, almeno vi renderà liberi e indipendenti. E ricordatevi che voi siete i più belli! [2011]

La cosa più straordinaria è stata
riuscire a mantenere il rapporto
con quelli più giovani.
Quello è stato un miracolo che
non so neanche io come ho fatto a fare.
Forse perché ho usato sempre lo stesso
linguaggio. Per esempio *Siamo solo noi*
è una canzone di ribellione giovanile,
quella che c'hai sempre quando arrivi
a diciassette, diciotto, venti anni.
Ti ribelli a tutto, ti ribelli alle regole,
ai genitori. Ti ribelli perché hai bisogno
di provare i limiti.
Hai bisogno di provarli tu.
È un periodo che si passa...
nel quale naturalmente tua madre ti dice:
«Sei solo te che fai così».
Mia madre me lo diceva sempre:
«Sei solo te che fai così, guarda invece
la figlia di... com'è brava,
va bene a scuola, eccetera».
Questo «sei solo te» l'ho trasformato
in «Siamo solo noi».
Quella canzone, quando la senti
e hai sedici, diciassette, diciotto anni...
te la senti tua... perché racconta
un periodo di vita che tutti attraversano.

[2008]

Quando canto una canzone sul palco... io la vivo! Sento che l'emozione viene trasmessa, vedo gli occhi di quelli davanti... e quest'emozione poi mi ritorna come un'ondata enorme... È lì che scatta il delirio di onnipotenza. [2010]

È sempre un piacere constatare come la mia gente sia attenta e sensibile, capisca così bene le emozioni, le provocazioni che sono dentro le mie canzoni e si commuova come mi commuovo io. Si tratta di un pubblico molto esigente e... molto intelligente. [2009]

Cantare davanti ai miei fan mi fa star bene... è la dimostrazione chiara che la canzone è loro. Che le emozioni che io racconto sono emozioni loro, che le proviamo tutti, e ci scarichiamo tutti insieme... è una catarsi. Per quello dopo si sta meglio. Magari non abbiamo cambiato il mondo, però siamo cambiati un po' noi, abbiamo cambiato il nostro umore, ci siamo sfogati. A me piace molto che cantino; le canzoni le voglio cantare con loro! [2008]

Albachiara non posso toglierla dai concerti. Ho provato una volta a toglierla, ma non c'è niente da fare, finché non la faccio non vanno via. Aspettano *Albachiara.* [2008]

È solo il pubblico che mi dà questa energia, soddisfazione, che mi fa essere così vivo a questa veneranda età. [2010]

Ogni volta mi stupisco per l'entusiasmo del pubblico. Li vedo dal palco, sono tutti lì, fino all'ultima fila, con le braccia alzate. Non ce n'è uno distratto. Di solito ai concerti c'è sempre qualcuno che si fa i fatti suoi. Invece qui cantano la loro canzone del cuore. [2008]

Avere tanto affetto e amore dalla gente è una cosa bellissima, però mi spaventa anche un po'... perché non lo merito... Io faccio con loro quello che mi viene d'istinto, penso che non li tradirò mai e che da me non avranno mai delusioni. [2005]

I ragazzi di ogni g sempre diversi. Sono il frutto e l'e precedenti. Sempr risposta e l'adattam che cambia...

[2009]

erazione sono

luzione di quelle
comunque la
nto al mondo

Durante i concerti mi sento
tutta la gente addosso, ed è bellissimo.
Mi arriva un'energia potentissima.
Non riesco a metabolizzarla,
a immagazzinarla tutta.
Immagino che sia come per un surfista
cavalcare un'onda gigantesca.

[2001]

Il concerto di Imola del '98 è stata «la splendida giornata» che avevo cantato tanti anni addietro. Un punto di arrivo per uno che ha cominciato a fare rock quasi per scherzo e a un certo momento si ritrova davanti a 130.000 persone. [2001]

Il *mondo* è
è nelle vos
Fate quel *ca*
volete...
ma fatelo b

[2007]

vostro,

re mani.

zzo che

ene!

Se io ho una missione nei confronti dei giovani è quella di far vedere loro come stanno veramente le cose. Così non prenderanno le stangate che ho preso io. [2005]

Tanto per chiarire (sento ogni tanto rumoreggiare...) io non devo niente a nessuno. Il discorso che qualche testa di rapa ogni tanto tira fuori che io dovrei ringraziare i fan perché senza di loro... io non sarei... cosa? E senza di me? Voi siete importanti, ma siamo pari. Tirando le somme, io e voi siamo sempre pari. Io comunico a voi emozioni con delle canzoni. A voi piacciono... le comprate... e venite ai concerti perché vi divertite. Non per farmi un piacere. Quindi insisto e ribadisco che siamo pari così. Un'altra cosa: io non ho mai accettato consigli, condizionamenti, ricatti, idee o morali da nessuno. Quando si tratta della mia vita artistica o delle mie canzoni, se piacciono bene, altrimenti amen. Vi ringrazio, sì!... Ma di esistere! Con tanto affetto. [2011]

Voglio una vita... come la mia

Ero in partenza per il Festival di Sanremo quando, proprio una settimana prima, ho fatto un incidente in macchina. Sono finito contro un albero, la macchina distrutta ma per fortuna io non mi sono fatto niente, neanche un graffio, sempre la mia fortuna maledetta... Ho chiamato subito il discografico, gli ho detto che la macchina non si era fatta niente ma che io mi ero fatto male per 30 milioni, che doveva darmeli altrimenti non sarei andato a Sanremo. Quei soldi mi servivano per comprare la macchina nuova. Lui credeva che scherzassi. Io però ero deciso: non mi sarei mosso finché non arrivavano i soldi... Noi musicisti ormai lo sappiamo: o i soldi ce li facciamo dare prima di cantare oppure dopo non li vediamo più. Ti danno di tutto, promesse, assegni postdatati...

Aspettavo i soldi, e non sono partito il mercoledì per andare a far le prove il giovedì, anche perché pensavo che le prove non fossero così importanti... la canzone bene o male la sapevo, sapevo sempre quello che facevo anche se sembrava che fossi fuori... Parto con un giorno di ritardo, convinto che non se ne sarebbe accorto nessuno. Cazzo, arrivo, incontro un amico, un giornalista che lavorava alla radio, e mi dice: «Cosa hai combinato? Ti stanno aspettando tutti per le prove»... Gli rispondo: «Ho incontrato due ragazze in autostrada, tu cosa avresti fatto?»... Ero fatto così, soffiavo sul fuoco. Da qui è nata la leggenda che arrivavo sempre tardi, che ero fuori, tutte storie che contribuirono a creare questa fama del maledetto, del personaggio un po' strano, che mi andava bene, anche perché se non tiravi fuori questi piccoli trucchi, a quei tempi era difficile emergere. [2005]

Quando mi arrivò la cartolina del servizio militare avevo dei problemi al cervello. Mi hanno dato l'articolo 29, incompatibilità per farmacodipendenza, perché a quei tempi avevo già cominciato a prendere delle pastiglie a base di anfetamina che si usavano per dimagrire. Con una al giorno stavo molto bene, molto magro, andavo fortissimo, non mi fermavo mai, stavo da dio, avevo trovato la soluzione alla mia vita. Il problema è che dopo, per smettere, è stata durissima. È quello che dico a mio figlio: tanto vale che cominci adesso a provare a divertirti senza sostanze, perché prima o poi dovrai smettere comunque. [2008]

Prima prendevo anfetamine e correvo come un treno. Poi ho fatto un anno a letto. Nove mesi per la precisione. Perché senza anfetamine non ti alzi più. Quella è una delle droghe più terribili. Ce ne sono due: anfetamina ed eroina, sono le droghe più pericolose, da cui bisogna proprio stare distanti. Perché ti distruggono. Credo anche che se non fosse esistita l'eroina forse la gente non avrebbe neanche avuto la percezione della droga. [2011]

Quando ho sentito
che Mick Jagger aveva
smesso di drogarsi
e aveva cominciato
a correre, ho cominciato
a correre anch'io.
Solo che qualche anno
dopo ho scoperto
che lui raccontava balle,
io invece ho corso
davvero!
È dall'87 *che corro.*

[2011]

Il carcere è un'esperienza durissima. A me è servito per togliermi tutte le menate che avevo. Se prima avevo paura a salire sul palco... be', dopo è cambiato tutto, non avevo più nemmeno bisogno di bere, le scale del palco non erano più niente in confronto alle altre che avevo salito per andare in carcere. [2005]

Non voglio essere un esempio, ci sono persone migliori di me da cui si può prendere esempio... io esprimo le mie opinioni, le mie idee. Non voglio spingere i giovani a farsi del male o a buttarsi via, anzi, nelle mie canzoni c'è sempre un invito alla vita. Anche quando canto «Voglio una vita spericolata» intendo una vita intensa, rischiosa forse, ma piena di tante cose, di tante esperienze, e anche di guai. [2004]

Adesso sono nella fase di mezzo, sicuramente ho passato la prima fase, sono nella fase in cui ho un sacco di bei ricordi, non ho molti rimpianti, anche perché, come diceva mia zia, «le hai proprio volute far tutte, eh?!». Sono nella fase in cui bisogna cominciare a tirare i remi in barca. Sarebbe interessante nascere così e diventare giovani. Mi piacerebbe molto. Adesso potrei bere una bottiglia di whisky, poi sto male una settimana. Quindi ne bevo solo metà. Quando ero giovane bevevo una bottiglia di whisky e mi svegliavo senza avere neanche il mal di testa. Se si potesse fare il contrario, cominciare dalla fase più faticosa che però poi diventa sempre più piacevole, sarebbe meglio. Sarebbe un'altra vita... quella che piacerebbe a me! [2008]

Sesso? Diciamo abbastanza. Droga? Diciamo mai. Mi è rimasto solo il rock'n'roll. Mi ripeto che oggi i sessanta sono come i quaranta di ieri, che gli Stones e Dylan sono ancora lì. [2010]

Il piacere del sesso non passa mai. Non ti dà mai pace. Almeno nel vedere... l'estetica di un paio di jeans riempiti perfettamente! [2008]

A tanti vizi ormai ho detto stop.
Ma qualcuno bisogna pure
conservarlo per tenersi
in forma...
L'altro giorno ho preso la moto:
pensieri strani. Da ragazzo
il pericolo è un'ebbrezza:
a vent'anni ho visto
la morte in faccia.
Oggi se chiudo gli occhi
vedo mio figlio.
Mi vengono i brividi
se penso che tra qualche anno
in sella vorrà salirci anche lui.

[1995]

C'è stato un momento nel quale, se morivo, era uno sballo per tutti, forse anche per me: sarei passato alla storia. Poi è arrivato il momento in cui era meglio se non morivo, perché avrei fatto ridere. Oggi invece è un momento in cui sono vivo, o meglio: sono ancora vivo. Ho capito un sacco di cose, sono maturato: so come si fa un assegno, so cos'è una carta di credito. Prima di uscire di casa mi allaccio le scarpe. Se non le allaccio, è soltanto perché non ho voglia di farlo. [1996]

Ringrazio il cielo... e la chitarra

Sono il rocker di mezzanotte.
Quello che arriva sempre
in ritardo
o in anticipo
mai in orario.
Suono perché sono schiavo della mia chitarra,
l'ormone mi ha preso così
e da quando ho dodici anni,
passo quasi più tempo a suonare la chitarra
che a farmi le seghe.
Solo così puoi imparare a suonare bene
uno strumento.
Ma per diventare un rocker di mezzanotte,
uno vestito di pelle
con un giubbotto sulle spalle
che se la ride davanti al demonio
e davanti al destino...
devi «conoscere» bene... «il primo»
e fare finta di essere tu l'artefice «del secondo».

[2011]

Fino a vent'anni non sognavo i lussi, non sapevo nemmeno che esistessero. Poi è iniziato a piovere sul bagnato. Il bello è che tutto quello che ho l'ho ottenuto facendo solo ciò che mi piaceva. Ogni giorno ringrazio il cielo e la chitarra. Però la mia vita interiore non è cambiata. [2008]

Con le canzoni io racconto me stesso. Si ispirano alla mia vita. Spesso sono provocazioni alle coscienze addormentate (compresa la mia), altre volte sono ironiche o amare constatazioni della realtà della vita che non sempre è piacevole. Ma è così che si cresce. Attraverso la sofferenza si diventa più forti, più consapevoli e anche un po' più tristi. La musica aiuta perché trasforma, trasfigura. [2010]

Il rock non è arroganza, ma un po' sbruffonaggine sì... «E ti farò far l'amore, sai, come nessuno ti ha fatto mai.» È chiaro che noi non siamo così. Chi è capace di essere così? Ma dato che le donne ci vorrebbero in questo modo, noi almeno sul palco le accontentiamo. L'ha inventata Elvis Presley questa cosa, lui era perfetto. [2011]

Massima aggressività, rabbia scaricata o anche massima dolcezza o amarezza: questa è una cosa che mi piace molto della musica. Non ci sono vie di mezzo, che sono quelle che mi stanno più sul cazzo. Invece la vita è tutta vie di mezzo; fortunatamente nel mondo della musica si possono raggiungere i picchi. Sia il picco su, sia il picco giù. È una cosa fantastica; anche l'amarezza, la tristezza e la malinconia diventano belle, ci si crogiola dentro, ma non perché si sta male, anzi, si sta bene, perché la musica trasforma anche l'amarezza in una cosa bella. [2004]

Il concetto di «vieni... sali sulla mia decappottabile e andiamo via» è un po' il linguaggio del rock. Noi scappiamo via da questa tristezza, da queste prigioni di modi di fare, di modi di essere, scappiamo via sulla mia decappottabile rossa! È l'idea del rock, tutti i cantanti rock raccontano sempre questo, con la donna c'è sempre un comportamento da macho, oppure da completamente succube... cioè io ho bisogno di te. Non posso vivere senza di te. Oppure c'è quello scherzoso: non troverai nessun altro come me perché un altro come me non lo trovi. È un grido d'orgoglio, perché uno come me non lo trovi di sicuro, magari meglio, ma uno come me non lo trovi. [2008]

Il rock è musica che ti conforta quando sei un po' nervoso. La musica rock ha una parte violenta e una parte estremamente dolce, non ha vie di mezzo. Può essere o una ballata struggente, straordinaria, non so... *Angie* dei Rolling Stones, oppure *I can't get no satisfaction*, non posso essere soddisfatto, non trovo soddisfazione. È una musica che ti conforta e ti fa compagnia perché ti aiuta a scaricare la tua nevrosi. [2008]

Le mie canzoni sono un po' come quando canti al buio per farti coraggio.

[2008]

Sono sempre stato per gli Stones, non per i Beatles. Non si può essere per gli uni e per gli altri, occorre scegliere. Io ho scelto gli Stones: la trasgressione, la provocazione, lo sberleffo, il prendere la vita poco sul serio. Magari anche avere qualche vizio maledetto, vedi Keith Richards. Io cerco di fare un po' Mick Jagger, come Keith non me la sento. Però Mick è lì, sempre bello, sicuro. Io un po' meno. Forse dipende dal segno zodiacale, lui è Leone, io sono Acquario. [2008]

Non si può ingabbiare l'arte, non si può mettere sotto processo l'artista per quello che racconta. Perché non è lui che inventa la realtà che racconta, la realtà esiste. L'arte, anche quella più provocatoria, non deve essere censurata per paura che mostri dei lati spiacevoli, oscuri, anche sbagliati, del mondo, deve servire proprio come segnale di quello che non va. [2004]

Il rock è una musica
molto sensuale,
con cui trasmetti
emozioni sensuali.
Se fossimo stati
tutti maschi
non avrei nemmeno
cominciato a suonare
la chitarra.

[2004]

Mi piacciono quelli che scrivono canzoni con lo stomaco, il cuore, l'inconscio. Mi deprime chi scrive canzoni con la testa. [1995]

La canzone d'autore è uno strumento artistico talmente coinvolgente e potente che spesso, provocatoriamente, chiedo se sia possibile provare emozioni così forti davanti a un quadro. Provare un'emozione in centomila contemporaneamente è un'esperienza da brividi. I musicisti portano gioia, possono cambiare l'umore di una giornata e a volte provocare le coscienze attraverso l'ironia e il sarcasmo. Ma non possono cambiare le cose. Gli artisti non contribuiscono nemmeno a formare le coscienze. Quello lo fanno i mezzi di comunicazione di massa. Gli artisti sono semplicemente dei portavoce, dei pazzi, che si prendono la libertà di rappresentare lo spirito della gente. Sono la documentazione più vera e sincera dell'animo umano. [2011]

La bellezza delle canzoni è che parli da cuore a cuore, senza bisogno di usare il cervello, e quando arriva questa vibrazione, insieme, è una libidine pazzesca, sia per chi ascolta, perché anch'io sono un ascoltatore – faccio la stessa cosa con le canzoni che mi piacciono – sia per chi canta. Quando scrivo non parto pensando: «Adesso dico questo...», in quel momento il cervello non entra mai, è solo l'inconscio. Penso a delle sensazioni che è la musica stessa a darmi, e cominciano a venirmi fuori le parole. Quando arrivo alla fine mi sembra sempre un miracolo.
Io vengo dai cantautori, ho cominciato a scrivere ai tempi di Guccini, Dalla, De Gregori, De André. Cercavo di fare canzoni come quelle, naturalmente non riuscivo a farle così belle, perché non avevo quel linguaggio. Poi ho iniziato a scrivere canzoni particolari... la prima è stata *Ogni volta*.

L'ho scritta una mattina, ero sul letto, dovevo ancora dormire e secondo me ho cominciato proprio a delirare. Poi sono andato avanti, scrivendo in fretta le frasi che venivano, pensando di fare un esercizio per me: quando l'ho finita ero convinto che fosse una canzone che capivo solo io. Poi l'ho fatta sentire e ho avuto la meraviglia di vedere che la gente capiva perfettamente. Così ho trovato il mio stile.

Mi divertivo a fare lo stronzo, cercando di usare sempre le stesse frasi perché sentivo che le canzoni inglesi avevano sempre le stesse frasi. Loro usano molto slogan fissi, ripetono una frase anche dieci volte. Volevo usare lo stesso tipo di tecnica: dire la stessa frase anche due o tre volte. *Vado al massimo* è un'altra così: vado al massimo, vado al massimo, vado al massimo, e poi bam! Vado a gonfie vele! Insomma, ho trovato un mio stile, un mio linguaggio, che è un po' diverso da tutti. [2004]

Me ne fotto da sempre
di tutto e di tutti...
soprattutto quando
scrivo canzoni.
Il mio principio
è stato e sarà sempre
«chi mi ama mi segua».
Altrimenti senza rancore,
ognuno per la sua strada.
Non faccio, non ho mai
fatto e non farò mai
compromessi su questo!

[2011]

La parola poeta è molto grossa, mi ha sempre intimidito. I poeti li studiavo a scuola. Sentirmi dire che sono un poeta mi fa un certo effetto. Poi, sai, la canzone è diversa, unisce due linguaggi, quello di parole e quello musicale... Poeta mi sembra quindi una parola troppo grossa per me. Preferisco cantautore, anzi «provocatore», perché mi piace provocare, mi viene naturale. [2004]

Senza musica, mi sentirei minuscolo, schiacciato, spaventato. La musica mi rende un gigante, riesco a trascinare tutti, m'improvviso timoniere di un'immensa, affollatissima scialuppa. È un momento incredibile e io sono felice di farne parte, perché quando tocchi il cuore alla gente sei ripagato con un affetto immenso. Così grande che a un certo punto mi viene da dire: «Ragazzi, separiamo le cose, la canzone è la canzone, straordinaria, fantastica, perfetta. Ma la persona che l'ha fatta no». [2005]

Canto e scrivo nell'unica lingua che conosco, quella della mia anima.

[2009]

Quando ho sentito la musica di Tullio Ferro, era talmente bella che ci ho messo sei mesi a scrivere la prima frase. È nata così *Vita spericolata.* Dovevo trovare una frase all'altezza della musica... È stata la canzone della mia vita. Molti artisti scrivono canzoni belle tutta la vita, però non hanno la fortuna di scrivere la canzone della vita. Io ho avuto quella fortuna, potevo concluderla lì. [2011]

Sono cresciuto con mamma, tata, zia, zie, cugina... sono cresciuto in mezzo alle donne, forse questo mi ha dato quella sensibilità particolare per cui ogni tanto riesco a scrivere canzoni nelle quali vien fuori la mia parte femminile.

[2010]

Amore e Romantico: due parole sulle quali oggi si fa una grande confusione (e non sono le uniche purtroppo). La parola amore è usata spesso come sinonimo di passione o attrazione sessuale. Io amo, nel senso che desidero. Ti amo, uguale pretendo da te fedeltà, passione. Voglio comunque essere corrisposto, in realtà ti voglio possedere sessualmente

o come si possiede una cosa. Niente di più lontano dal vero significato di amore, che è dare senza chiedere nulla in cambio.
La parola Romantico usata come sinonimo di sentimentale, sdolcinato, quasi patetico. Invece Romantico (da romanticismo) ha sempre avuto per me un significato quasi eroico. Vivere pericolosamente e spericolatamente (e non intendo uso o abuso di droghe) per tendere a realizzare i propri sogni o ideali a ogni costo. Ed è ciò che ho fatto.
Ho sempre considerato le mie canzoni come atti d'amore. Amore incondizionato. Amore per la musica e per le parole che essa mi suscita. Non le scrivo per compiacere. Forse per provocare e commuovere. Per arrivare, toccare il cuore delle persone. Quando esse (le canzoni) non dovessero riuscirci non le modificherei comunque. Non mi interessa. Non ne sarei capace. Non amo nemmeno commentarle o spiegarle. Prima di tutto sono convinto che non sia un compito mio. Poi considero il farlo una comoda scorciatoia per far capire qualcosa che, se non arriva da sola, vuol dire che non è «riuscita», che non è perfetta. E un'opera d'arte, se non è perfetta, non vale la pena che esista. Quando scrivo le mie canzoni non penso mai a quello che riceverò (le scrivevo anche quando non le ascoltava nessuno). In quel momento lo faccio per me, o meglio le scrivo per se stesse, perché abbiano un senso, perché mi consolino, perché mi parlino. In una parola, perché «esistano». [2009]

Una donna può ispirare canzoni. Ogni donna è un misterioso universo da esplorare, conoscere, amare o odiare. Ogni donna rappresenta per un uomo un'inesauribile fonte di emozioni, sensazioni, passioni, illusioni, sogni e certezze. Non c'è niente nell'universo di così bello, intrigante e affascinante come la donna. [2007]

Gli stadi e il concerto sono il mio rito laico. Il concerto è un rito di comunione e, diciamolo pure, anche di liberazione. Il palco deve essere bello, deve essere una struttura a livello di quelle mondiali e deve rappresentare il concetto dell'album. Chiaramente io vedo i disegni prima, chiedo certe cose tecniche che mi servono. Il palco devo possederlo completamente e, quando ce l'ho sotto controllo, lo suono. Suono il palco come fosse uno strumento. Le prove iniziano istintivamente, facciamo la scaletta, salgo e faccio quello che mi viene. Non mi voglio mai rivedere. Io comunico anche con il corpo, la canzone la vivo, rivivo il momento in cui l'ho scritta, la stessa sensazione. [2009]

Quando un tour finisce c'è un grande vuoto. Non ci sono più l'adrenalina e la tensione che devi mantenere per mesi per cercare di essere in perfetta forma. Tenere questa tensione è una cosa che fa stare molto «accesi», e quando a un certo punto finisce tutto, resta un vuoto pazzesco. [2009]

I miei concerti cominciano il giorno prima e non finiscono nemmeno il giorno dopo.

È uno stato perenne di sensibilità al massimo. Nervi scoperti sempre, anima viva a contatto con la realtà.

[2010]

Fare musica è un piacere, quando poi ti pagano per farla è un piacere al quadrato. Per me è diventato un modo di comunicare. Questa è la vera droga di tutta la storia, quella della quale non potrei fare a meno. Poi magari fra un po' dovrò anch'io ritirarmi. O magari muoio sul palco. 'Azz, che bella morte! [2005]

Più mi dicono che sono un dio, più mi sento una schifezza. Perché non esiste un solo Vasco. Il lato migliore lo conoscono tutti, è quello che si vede sul palco. [2009]

Quando mi dicono che sono un mito mi sento un po' sovradimensionato, non mi sento all'altezza, io sono una persona. Al massimo sono una rockstar. [2011]

Bisogna demitizzare... Vorrei sganciare la persona dall'opera. L'opera è sempre più grande dell'uomo. Bisogna staccare la persona da quello che fa. La persona non è all'altezza, e non sarà mai all'altezza dell'opera. [1981]

C'era un personaggio, un fenomeno, che si chiamava Luther Blissett. Era un personaggio virtuale su internet, creato da tanti, erano tutti Luther Blissett, e io ho sempre avuto quella sensazione lì: Vasco Rossi è una specie di Luther Blissett.

[2010]

Guai se quando scendi dal palco non torni a essere te stesso.

[1996]

Un tour è un lungo viaggio... comincia mesi prima, con la preparazione atletica e la concentrazione. È un periodo di grande intensità emotiva. L'inizio delle prove, quando ogni giorno le idee, i dubbi e le incertezze sono accompagnati dalla musica che mi tranquillizza. Le prime prove «sul palco», quando me lo guardo incantato e me lo godo. E naturalmente la prima data. Poi la seconda... la terza... la quarta... e così via. Cambiano gli alberghi, gli scenari, la tensione è continua, ma quando comincia la musica ogni volta è una libidine unica. [2010]

Sono andato a fare concerti in Europa per far capire cos'è il rock italiano. Così adesso hanno capito che quando gli altri vengono in Italia devono bussare prima di entrare! Non siamo più quelli che suonano coi mandolini, siamo pronti alle sfide con qualsiasi gruppo rock straniero! [2010]

Volevo lasciare un segno quando sono andato a Sanremo... Volevo sdrammatizzare... Erano gli inizi degli anni Ottanta, avevo iniziato a fare dischi, facevo già concerti, però sempre in Emilia. Non passavo oltre il Po. È stato in quel momento che l'organizzatore mi ha chiamato. Io ero perplesso, sono un rocker, dicevo. Lui mi ha detto che avevo bisogno di una platea nazionale e aveva ragione.
Quando mi ha assicurato che avevo carta bianca, ho pensato che era l'occasione giusta per andare e fare il matto. La canzone, *Vado al massimo*, era perfetta.
Poi c'è stato l'episodio del microfono. Avevo tolto il microfono dall'asta sull'onda dell'entusiasmo, ma non sapevo come rimetterlo. Sul palco devi fare attenzione all'atteggiamento. Se ti cade una cosa e la raccogli, sei un cretino, se fingi di averla buttata via tu, sei una rockstar. Insomma, devi resistere alla tentazione di fare quello che faresti nella vita. C'è una bella differenza anche per chi ti guarda, che vuole vivere il sogno, mica può pensare che ha davanti uno che fa cadere le cose. Io studiavo da Mick Jagger, volevo fare la rockstar. Il microfono era rettangolare, difficile da rimettere a posto: devi trovare il punto giusto. Decisi di metterlo in tasca, e di uscire così dal palco, dove l'avrei consegnato a chi cantava dopo di me. Ma il filo era corto e il microfono mi cadde dalla tasca. Ma mica potevo girarmi, dovevo fare la rockstar. Se l'avessi fatto a Zocca mi avrebbero sparato. Mi chiesero: «Ma che hai fatto, hai buttato per terra il microfono?». E io: «Cazzo me ne frega, ho già cantato!». Da lì è nato un pezzo del mito. [2005]

Quando scrivo canzoni d'amore il tempo non esiste. Attingo a emozioni di oggi, di ieri e di domani. [2009]

L'unica cosa che so è come si fa a scrivere una canzone. Bisogna scriverla col cuore, mettendoci dentro dei pezzi di fegato. [2010]

Non sono più una rockstar, sono un *social rocker.*

[2011]

Quando sono in tour vivo in un «altrove». Un mondo «altro» da quello della realtà normale. È un mondo nel quale sono felice o disperato, ma in modo molto più intenso e profondo. È un mondo nel quale mi piacerebbe «perdermi» per sempre. [2009]

Quando la gente si stanca, allora mi fermo, ma finché non succede farò esplodere gli stadi. È pura magia. [2009]

Come scrivo le canzoni? Estraggo le parole dai sogni, come si cattura una farfalla mentre vola, prendendola dolcemente per le ali.

[2008]

Sul palco mi emoziono sempre come le prime volte. Non mi diverto sempre, molte volte durante il concerto soffro. A Milano la prima sera che pioveva ero incazzatissimo, mi spiaceva perché erano tutti sotto l'acqua e avevo la sensazione che si divertissero poco sotto quel diluvio universale. Poi ho visto che si sono divertiti lo stesso! Si divertono lo stesso, a loro non gliene frega niente... a vent'anni cosa te ne frega se piove?! [2010]

La musica è la mia droga. Ti regala un mondo fantastico, ma ha anche un'altra caratteristica. Riesce a trasfigurare ricordi dolorosi. [2004]

Credo in quello che canto,
ci ho sempre creduto
fino in fondo,
e se ci credi tu per primo
allora puoi convincere
anche gli altri.
Ecco, questa diciamo
che è la prima lezione
in comunicazione.
Se non ci credi tu
non ci crederà nessun altro.
Questo vale anche
se volete andare
a vendere assicurazioni.

[2005]

Il rock italiano sono io. Il resto è bagarre! O no?

[2011]

Mi piace andar via senza
dire niente a nessuno.
Perché quando saluto
mi viene una tristezza pazzesca.
I saluti non li sopporto.
Chiedo scusa e anche comprensione
per questa faccenda,
ma mi mettono tristezza.
Volete darmi tristezza?
No, volete darmi gioia.
Allora lasciate che non vi saluti
quando vado via...
tanto torno!

[2008]

Discografia

MA COSA VUOI CHE SIA UNA CANZONE [1978]

La nostra relazione / … E poi mi parli di una vita insieme / Silvia / Tu che dormivi piano (Volò via) / Jenny è pazza / Ambarabaciccicoccò / Ed il tempo crea eroi / Ciao [*versione strumentale*]

NON SIAMO MICA GLI AMERICANI [1979]

Io non so più cosa fare / Fegato, fegato spappolato / Sballi ravvicinati del 3° tipo / (Per quello che ho da fare) Faccio il militare / La strega (La diva del sabato sera) / Albachiara / Quindici anni fa / Va be' (Se proprio te lo devo dire)

COLPA D'ALFREDO [1980]

Non l'hai mica capito / Colpa d'Alfredo / Susanna / Anima fragile / Alibi / Sensazioni forti / Tropico del Cancro / Asilo «Republic»

SIAMO SOLO NOI [1981]

Siamo solo noi / Ieri ho sgozzato mio figlio / Che ironia / Voglio andare al mare / Brava / Dimentichiamoci questa città / Incredibile romantica / Valium

VADO AL MASSIMO [1982]

Sono ancora in coma / Cosa ti fai / Ogni volta / Vado al massimo / Credi davvero / Amore… aiuto / Canzone / Splendida giornata / La noia

BOLLICINE [1983]

Bollicine / Una canzone per te / Portatemi Dio / Vita spericolata / Deviazioni / Giocala / Ultimo domicilio conosciuto / Mi piaci perché

VA BENE, VA BENE COSÌ [1984]
Va bene, va bene così / Colpa d'Alfredo / Deviazioni /
Fegato, fegato spappolato / Vita spericolata / Ogni volta / Albachiara /
Bollicine / Siamo solo noi

COSA SUCCEDE IN CITTÀ [1985]
Cosa c'è / Domani sì adesso no / Cosa succede in città / Toffee /
Ti taglio la gola / Una nuova canzone per lei / T'immagini / Bolle di sapone /
Dormi, dormi

C'È CHI DICE NO [1987]
Vivere una favola / C'è chi dice no / Ridere di te / Blasco Rossi / Brava Giulia /
Ciao / Non mi va / ... Lunedì

LIBERI LIBERI [1989]
Domenica lunatica / Ormai è tardi / ... Muoviti / Vivere senza te /
Tango... (della gelosia) / Liberi... liberi / Dillo alla luna / Stasera

FRONTE DEL PALCO [1990]
CD 1 : ... Muoviti / Blasco Rossi / C'è chi dice no / Dillo alla luna /
Tango... (della gelosia) / Deviazioni / Ogni volta / Ridere di te / ... Lunedì
CD 2 : Vivere una favola / Vita spericolata / Liberi... liberi / Vivere senza te /
Domenica lunatica / Colpa d'Alfredo / Una canzone per te / Bollicine /
Siamo solo noi / Canzone / Albachiara / Guarda dove vai [*inedito*]

VASCO LIVE 10.07.90 SAN SIRO [1990]
Brava / Dormi, dormi / Va bene, va bene così / Colpa d'Alfredo /
Una canzone per te / Bollicine

GLI SPARI SOPRA [1993]
Lo show / Non appari mai / Gli spari sopra [*Celebrate*] / Vivere / Gabri /
Ci credi / Delusa / ... Stupendo / Vuoi star ferma! / L'uomo che hai di fronte /
Occhi blu / Hai ragione tu / Walzer di gomma / Gli spari sopra [*Intro*]

NESSUN PERICOLO... PER TE [1996]
Un gran bel film / Benvenuto / Gli angeli / Mi si escludeva / Sally /
Praticamente perfetto / Le cose che non dici / Nessun pericolo... per te /
Io perderò / Marea

ROCK [1997]

Valium '97 / Sballi ravvicinati del 3° tipo / Ieri ho sgozzato mio figlio / Anima fragile / Colpa d'Alfredo / Incredibile romantica / Dimentichiamoci questa città / Brava / Susanna / Siamo solo noi / Asilo «Republic» [*New Demo*] / Alibi

CANZONI PER ME [1998]

E il mattino / L'una per te / Io no... / Quanti anni hai / Laura / La favola antica / Idea 77 / Rewind

REWIND [1999]

CD 1 : Quanti anni hai / Sballi ravvicinati del 3° tipo / Valium / Rewind / Nessun pericolo... per te / Blasco Rossi / Ormai è tardi / ... Stupendo / Medley acustico / Jenny è pazza / Sally / L'una per te / Senza parole

CD 2 : Vivere / Siamo solo noi / Mi si escludeva / Gli spari sopra [*Celebrate*] / Delusa / Io no... / C'è chi dice no / Bollicine / Vita spericolata / Albachiara / Rewind [*Radio Edit*]

STUPIDO HOTEL [2001]

Siamo soli / Ti prendo e ti porto via / Standing ovation / Stupido Hotel / Io ti accontento / Perché non piangi per me / Tu vuoi da me qualcosa / Stendimi / Quel vestito semplice / Canzone generale

VASCO ROSSI TRACKS [2002]

CD 1 : Albachiara / Generale / Guarda dove vai / Io no / ... Stupendo / C'è chi dice no / Gli spari sopra / Mi si escludeva / Liberi... liberi / Gli angeli / Vivere / La fine del millennio

CD 2 : Ogni volta / Splendida giornata / Rewind / Quanti anni hai / Gabri / Benvenuto / Sally / Una canzone per te / Senza parole / Toffee / Se è vero o no / Siamo soli

BUONI O CATTIVI [2004]

Buoni o cattivi / Come stai / Anymore / Hai mai / Non basta niente / Dimenticarsi / Da sola con te / Cosa vuoi da me / E... / Señorita / Rock'n'roll show / Un senso

BUONI O CATTIVI LIVE ANTHOLOGY [2005]

CD 1 : Cosa vuoi da me / Fegato, fegato spappolato / Non basta niente / Anymore / Come stai / Hai mai / E... / Sally / Stendimi / Domenica lunatica / Rewind / Stupido Hotel / Bollicine / Vivere / Medley / Siamo solo noi

CD 2 : Un gran bel film / Deviazioni / Dimentichiamoci questa città / Dillo alla luna / Portatemi Dio / Cosa succede in città / ... Stupendo / Buoni o cattivi / Señorita / C'è chi dice no / Gli spari sopra / Siamo soli / Un senso / Senza parole / Vita spericolata / Albachiara

IL MONDO CHE VORREI [2008]

Il mondo che vorrei / Vieni qui / Gioca con me / E adesso che tocca a me / Dimmelo te / Cosa importa a me / Non vivo senza te / Qui si fa la storia / Colpa del whisky / Non sopporto / Ho bisogno di te / Basta poco

TRACKS 2 (INEDITI & RARITÀ) [2009]

Ad ogni costo (Creep) / Ho fatto un sogno / Sto pensando a te / Sally / Praticamente perfetto / Io perderò / Le cose che non dici / Benvenuto / Colpa d'Alfredo / Gli angeli / Il tempo di morire / Un ragazzo di strada / Amico fragile

LONDON INSTANT LIVE [2010]

CD 1 : Un gran bel film / Ieri ho sgozzato mio figlio / Cosa vuoi da me / La nostra relazione / Sto pensando a te / Gli angeli / Domenica lunatica / Bollicine / Anima fragile / Io perderò / Ad ogni costo

CD 2 : Sono ancora in coma / Delusa / Quanti anni hai / ... Stupendo / Un senso / Deviazioni / Il mondo che vorrei / Sally / Dillo alla luna / Incredibile romantica / Vita spericolata / Canzone / Albachiara

VIVERE O NIENTE [2011]

Vivere non è facile / Manifesto futurista della nuova umanità / Starò meglio di così / Prendi la strada / Dici che / Eh... già / Sei pazza di me / Vivere o niente / L'aquilone / Non sei quella che eri / Stammi vicino / Maledetta ragione / Mary Luise (feat. *Speakeasy Studio*) [*Bonus Track*] / Prendi la strada (feat. *Speakeasy Studio*) [*Bonus Track*]

Finito di stampare
nel novembre 2011 presso
Grafica Veneta S.p.A. di Trebaseleghe (PD)